Thierry Tacheix

L'essentiel de la Macro-économie

7e édition

Gualino

lextenso éditions

LES CARRÉS

Cette collection de livres présente de manière **synthétique, rigoureuse** et **pratique** l'ensemble des connaissances que l'étudiant doit posséder sur le sujet traité. Elle couvre :

- **le Droit et la Science Politique ;**
- **les Sciences économiques ;**
- **les Sciences de gestion ;**
- **les concours de la Fonction publique.**

70, rue du Gouverneur Général Éboué
92131 Issy-les-Moulineaux cedex
ISBN 978 - 2 - 297 - 03938 - 3
ISSN 1288-8206

SOMMAIRE

Introduction

La macro-économie est la branche de la science économique qui cherche à expliquer le fonctionnement de l'économie dans son ensemble. Elle a pris toutes ses lettres de noblesse en 1936 sous la plume de John Maynard Keynes avec la publication de la *Théorie générale de l'emploi, de l'intérêt et de la monnaie*. Elle étudie des phénomènes économiques globaux en s'intéressant aux résultats d'ensemble des décisions que prennent les ménages, les entreprises ou les gouvernements.

En tant que science, elle a pour but de comprendre et de construire mentalement la réalité économique. Son objectif principal est de fournir une certaine compréhension de l'évolution de la situation économique, que ce soit au niveau national ou international, et de proposer des outils simples qui permettent de comprendre le présent et de prédire de façon approximative l'avenir immédiat.

La tâche principale des économistes consiste à découvrir les lois qui régissent le comportement économique. Cela passe par l'observation et la mesure rigoureuse et systématique des phénomènes ainsi que par la mise au point et la formulation de théories susceptibles d'interpréter les observations et de les orienter.

Pour élaborer une théorie économique on construit un modèle économique et l'on vérifie ensuite le bien-fondé de celui-ci. Un modèle est une sorte de représentation imaginaire de l'économie ou d'une partie de celle-ci, et comporte deux éléments : les hypothèses et les implications. La théorie économique est abstraite et construite à partir d'hypothèses simplificatrices, voire parfois erronées. Les hypothèses constituent le fondement du modèle et définissent des relations de cause à effet. Une hypothèse scientifique n'est pas forcément une hypothèse vraie, c'est-à-dire vérifiée dans la réalité. Une proposition est scientifique lorsqu'elle est réfutable, c'est-à-dire lorsqu'il est possible de la confronter aux faits. Selon ce critère dû à Karl Popper, si les faits contredisent une hypothèse, on la rejette et on en cherche une meilleure. Si l'hypothèse est confirmée par les faits, on n'assure pas pour autant qu'elle soit vraie, mais simplement qu'elle n'est pas réfutée dans l'état actuel des connaissances. On parle alors d'***hypothèse performante*** et on la retient en attendant qu'une meilleure vienne la remplacer. Les implications découlent d'un raisonnement économique et sont le résultat du modèle.

Ce raisonnement a une approche positive, c'est-à-dire qu'il essaie de définir le monde tel qu'il est et non tel qu'il devrait être. On renonce à porter un jugement de valeur. Ce raisonnement s'effectue *Ceteris Paribus*, locution latine qui signifie « toutes choses étant égales par ailleurs ».

À partir de cette démarche, nous allons tout d'abord repérer et analyser les forces qui permettent de créer et d'échanger les biens et services. Ceci sera assuré par l'étude de la fonction de production et par l'analyse du marché des biens ou des services. La production et l'échange nécessitent l'emploi de travailleurs dont certains se trouvent parfois au chômage. Ces problèmes seront traités avec l'analyse du marché du travail et de l'emploi. L'utilisation de ces biens et services nous conduira à l'étude des fonctions de consommation et d'investissement. À partir de la fonction de consommation keynésienne, on peut mettre en évidence le ***multiplicateur d'investissement*** qui est à la base de toute politique budgétaire et fiscale. La progression dans l'analyse macro-économique sera complétée par la prise en compte du rôle de la monnaie dans une économie et se poursuivra par une synthèse macro-économique avec le modèle IS-LM.

La production et l'équilibre d'un marché

On retrace tout d'abord comment produire des biens et services. Leur offre et leur demande se retrouvent ensuite confrontées sur le marché et déterminent la quantité échangée et le prix d'équilibre.

CHAPITRE
1

Si la fonction de production fait en général l'objet d'une étude microéconomique avec l'analyse du producteur individuel, elle est également largement utilisée dans l'analyse macro-économique et devient une ***fonction globale de production.***

La production est écoulée sur le marché et constitue ***l'offre*** de biens et services. Face à cette dernière, une ***demande*** des produits offerts s'établit de la part des acheteurs.

La rencontre de cette offre et de cette demande contribue à réaliser une situation ***d'équilibre du marché***.

1 La fonction globale de production

Une fonction de production montre la relation qui existe entre la quantité de biens et services produite et la quantité de facteurs de production utilisée.

Lorsque l'on raisonne au niveau global, par exemple au niveau de l'économie d'un pays, on peut ramener à trois le nombre des facteurs de production. Ce sont le capital (K), le travail (L) et la terre. Dans un souci de simplification, seuls le travail et le capital sont retenus. Le facteur terre est soit négligé, soit assimilé à du capital. Sous ces conditions la fonction globale de production s'écrit :

$$Y = F(K, L)$$

où *Y* désigne ***la quantité totale de biens et services*** produite, ***K le stock de capital*** utilisé et ***L la quantité de travail*** employée.

Comme on se place à un niveau global, la production nationale ne concerne pas un bien homogène mais un agrégat de différents biens et services. On admet que la production totale porte sur un produit unique qui peut être utilisé aussi bien au titre de la consommation que de l'investissement.

La production et le capital sont mesurés en volume ou en unités monétaires. Le travail est mesuré en nombre d'heures ou en nombre de travailleurs.

Les ***facteurs de production*** sont supposés ***homogènes*** : il n'y a qu'une seule catégorie de capital et une seule catégorie de travailleurs.

À ce niveau de l'analyse macro-économique nous allons appréhender deux types de fonctions de production : une fonction de production à coefficients de production fixe et une fonction de production de courte période à coefficients variables.

■ *La fonction de production à coefficients fixes*

Lorsque la combinaison productive est fixe, aucune substitution n'est possible entre le capital et le travail. Les entreprises peuvent décider du volume de la production, mais le choix de la combinaison des facteurs est imposé par la technique. La production est obtenue avec une proportion établie de la combinaison productive. On peut écrire :

$$K = v.Y \qquad L = u.Y \qquad \text{ou encore} \qquad Y = \frac{K}{v} = \frac{L}{u}$$

Dans cette expression, v et u sont des constantes positives. Le rapport v/u indique dans quelle proportion le capital et le travail doivent être combinés pour produire.

Comme, pour obtenir un niveau de production Y, les quantités nécessaires de capital et de travail sont fixées, toute quantité excédentaire de K ou de L reste inutilisée. La fonction de production se présente ainsi sous la forme :

$$Y = \text{Min}\left(\frac{K}{v}, \frac{L}{u}\right)$$

La production dépend du facteur le moins abondant. Si le capital est le facteur relativement rare et si K/v est le minimum dans l'expression ci-dessus, la production est donnée par :

$$Y = \frac{K}{v}$$

où ***v*** est le ***coefficient de capital***. Il est égal à K / Y et représente un rapport constant.

Si la quantité du facteur de production relativement rare diminue, la production va baisser car il n'y a pas compensation avec une éventuelle augmentation de l'autre facteur de production. Inversement, la production n'augmente pas si seul le facteur de production le plus abondant augmente. Graphiquement, on peut représenter cette fonction de production de la manière suivante :

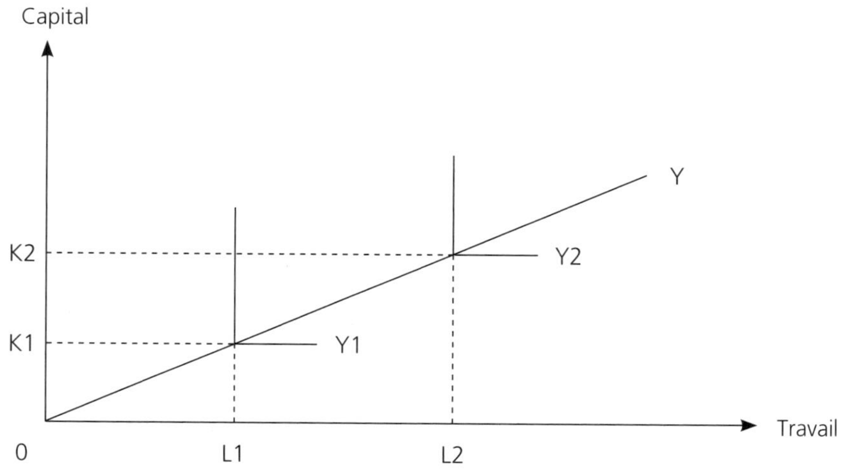

Figure 1 : *La fonction de production dans l'hypothèse de coefficients fixes de production*

Les quantités de capital et de travail utilisées pour produire sont respectivement portées en ordonnée et en abscisse. La quantité obtenue de production est portée sur l'axe 0Y.

On appelle ***isoquants de production*** les lieux géométriques des points qui représentent une même quantité de production obtenue à partir de combinaisons différentes de capital et de travail. Dans le cas d'une fonction de production à coefficients fixes, ces isoquants coupent à angle droit la droite 0Y.

Pour doubler la production (Y2 = 2Y1), il faut doubler la quantité de capital (K2 = 2K1) et doubler la quantité de travail (L2 = 2L1).

Cette fonction de production est généralement utilisée en macro-économie lorsque l'on veut mettre en évidence le rôle du capital dans la production. Dans ce cas, elle prend la forme simplifiée :

$$Y = \frac{K}{v}$$

Cette formulation est à la base du principe d'accélération qui sera analysé plus loin.

■ *La fonction de production à coefficients variables en courte période*

L'hypothèse d'une combinaison variable des facteurs de production se pose en liaison avec la distinction entre la courte et la longue période.

Un facteur de production est considéré comme ***fixe*** si sa quantité ne peut pas être rapidement modifiée pour répondre à une variation souhaitée de la production. Un facteur de production est considéré comme ***variable*** si sa quantité peut être modifiée rapidement en réponse à une variation souhaitée de la production.

La courte période se définit comme un temps suffisamment court pour que la quantité disponible d'un facteur de production puisse être considérée comme fixe. La longue période est au contraire un temps suffisamment long pour que les quantités disponibles de tous les facteurs puissent varier. En longue période, il n'y a donc pas de facteur fixe.

Au plan macro-économique, la modification du stock de capital d'une économie exige des délais qui peuvent être importants. Il faut en effet fabriquer les machines, les installer, former la main-d'œuvre à l'utilisation des nouveaux équipements, et cela doit concerner un grand nombre d'entreprises pour qu'il y ait un effet significatif au niveau de l'économie toute entière. De ce fait, si une modification de la production doit avoir lieu en courte période, elle se fera par une adaptation du facteur travail (licenciement ou embauche) et non par une modification du stock de capital. Ce dernier peut ainsi être considéré comme constant en courte période et la fonction de production macro-économique se note :

$$Y = F(\overline{K}, L)$$

où $\overline{K}$ représente le ***stock fixe de capital***.

Le travail (L) est le facteur variable et les modifications de la production (Y) s'effectuent par ses adaptations. Graphiquement, la fonction se présente ainsi :

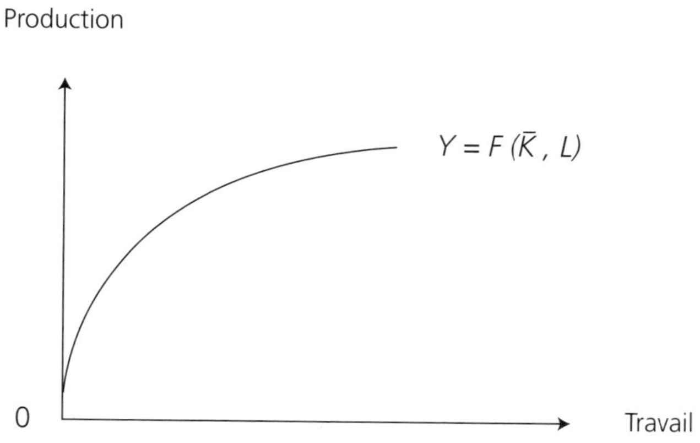

***Figure 2** : La fonction de production à coefficients variables en courte période*

La production est une fonction croissante de la quantité de travail utilisée. Plus on augmente le nombre de travailleurs, plus la production augmente. Ceci est représenté par la pente positive de la courbe et s'analyse mathématiquement en vérifiant que la dérivée première de la fonction de production par rapport au facteur travail est positive : $F'_L > 0$.

Cette fonction de production est concave. Cela signifie que chaque travailleur supplémentaire fournit un supplément de production de plus en plus faible. C'est la loi des rendements décroissants qui s'analyse mathématiquement par une dérivée seconde négative : $F''_{LL} < 0$.

Soit la fonction de production $Y = 100.L^{1/2}$ (on a $K = 100$)

La productivité marginale du travail est donnée par la dérivée première de la fonction de production par rapport au facteur L :

$F'_L = (1/2).100.L^{1/2 - 1} = 50.L^{-1/2}$

$F''_{LL} = (-1/2).50.L^{-1/2 - 1} = -25.L^{-3/2}$ qui est < 0.

La productivité marginale du travail baisse quand la quantité de L augmente.

Si $L = 4 \rightarrow F'_L = 50/2 = 25$

Si $L = 9 \rightarrow F'_L = 50/3 = 16.6$

Si $L = 16 \rightarrow F'_L = 50/4 = 12.5$

Si $L = 25 \rightarrow F'_L = 50/5 = 10$

Ces biens produits vont faire l'objet d'une offre sur le marché. La confrontation de cette offre et de la demande conduit à une situation d'équilibre du marché.

2 Le marché et l'équilibre

L'analyse du marché d'un bien ou d'un service fait traditionnellement l'objet d'une étude microéconomique mais est également au cœur de toute réflexion macro-économique. Après avoir précisé les facteurs relatifs à l'offre et à la demande d'un produit, nous examinerons comment s'établit l'équilibre d'un marché.

■ *L'offre*

L'offre de bien représente la quantité de celui-ci que les producteurs désirent vendre au cours d'une période, compte tenu du prix en vigueur sur le marché.

La quantité offerte n'est pas nécessairement la quantité qui sera échangée, elle peut être supérieure ou égale.

a) La loi de l'offre

L'analyse de l'offre montre que, toutes choses égales par ailleurs, plus le prix d'un bien est élevé, plus la quantité offerte est importante. Ceci repose sur la notion de ***rentabilité***. Si les prix des facteurs de production (le salaire pour le travail, l'intérêt pour le capital) restent constants, toute hausse du prix d'un bien se traduit par un profit plus élevé pour les producteurs qui sont incités à augmenter les quantités offertes. De plus, cette hausse des prix attire de nouveaux producteurs sur le marché.

b) La courbe d'offre

La courbe d'offre exprime la relation qui existe entre la quantité offerte et le prix du bien.

Elle se lit de deux façons :

- à un prix donné, elle indique la quantité que les producteurs souhaitent vendre. Au prix unitaire P1, les producteurs souhaitent vendre une quantité de biens Q1 ;
- elle donne le prix le plus bas auquel une quantité sera mise en vente. Il faut un prix unitaire minimal P2 pour que la quantité Q2 soit offerte.

La variation du prix d'un bien entraîne un mouvement le long de la courbe et une variation de la quantité offerte. ***Une hausse du prix provoque un accroissement de la quantité offerte, une baisse du prix provoque une diminution de cette quantité.***

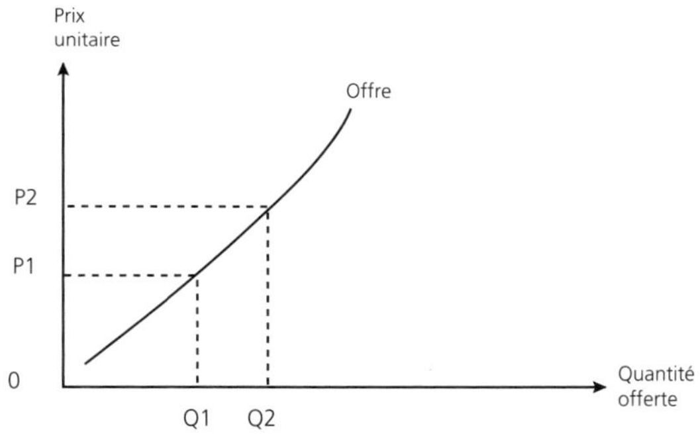

Figure 3 *: La courbe d'offre*

On a la fonction d'offre O = 105.P. Si P = 1, la quantité offerte est 105. Si P = 2, la quantité offerte augmente à 210.

c) Les modifications de la quantité offerte

La quantité offerte d'un bien se modifie :

- lorsque ***le prix des facteurs de production se modifie***. Une hausse du coût du travail entraîne une diminution de la quantité offerte car les producteurs non rentables vont disparaître ;
- par ***le progrès technique*** qui, en réduisant les quantités utilisées de facteurs de production, permet d'abaisser leur coût et contribue à augmenter l'offre ;
- par ***la réglementation***. Si des normes spécifiques sont imposées à la fabrication d'un produit, la quantité offerte peut diminuer.

d) Les déplacements de la courbe d'offre

Si le prix du produit reste constant et s'il survient une modification de la quantité offerte, la courbe d'offre se déplace vers la gauche ou vers la droite.

La situation initiale est caractérisée par la courbe d'offre (O) indiquant une quantité offerte Q pour un prix P.

Le prix restant fixé à sa valeur initiale, toute augmentation de la quantité offerte se traduit par un déplacement parallèle et vers la droite de la courbe O jusqu'à O2. Une nouvelle quantité offerte apparaît, Q2 > Q.

Une diminution de la quantité offerte se traduit, pour un prix constant, par un déplacement parallèle et vers la gauche de la courbe O jusqu'à O1, et fait apparaître une quantité offerte Q1 < Q.

Enfin, il faut noter qu'un déplacement de la courbe d'offre peut s'accompagner d'une modification du prix unitaire.

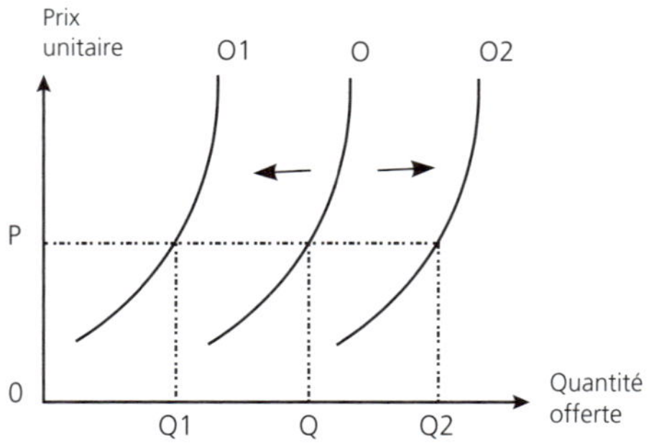

Figure 4 : *Les déplacements de la courbe d'offre*

Une analyse symétrique à celle de l'offre peut être faite pour la demande.

■ *La demande*

La demande de bien représente la quantité de celui-ci que les consommateurs envisagent d'acheter au cours d'une période, compte tenu du prix en vigueur sur le marché.

La quantité demandée n'est pas nécessairement la quantité qui sera échangée.

a) La loi de la demande

L'analyse de la demande montre que, toutes choses égales par ailleurs, plus le prix d'un bien est élevé, plus la quantité demandée est faible. Ceci repose sur le fait que l'on peut habituellement remplacer un bien par un autre. À mesure que le prix d'un bien augmente, les agents en achètent moins et se tournent davantage vers un bien substitut, c'est-à-dire qui peut être utilisé à sa place et qui procure la même satisfaction.

b) La courbe de demande

La courbe de demande exprime la relation qui existe entre la quantité demandée et le prix du bien.

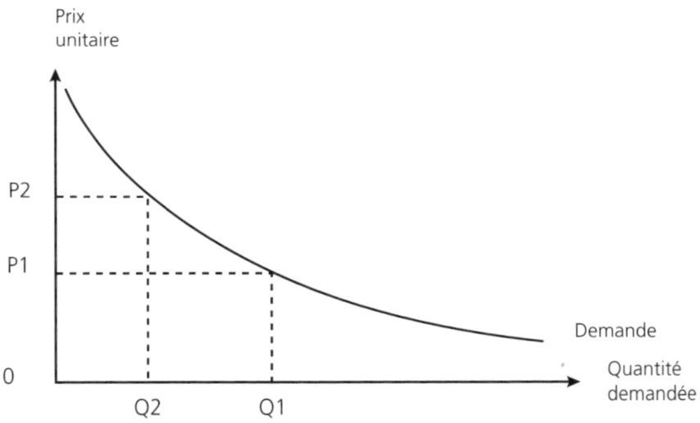

Figure 5 : La courbe de demande

On peut interpréter la courbe de demande de deux manières :

- à un prix donné, elle indique la quantité que les agents souhaitent acheter. Au prix unitaire P1, les consommateurs souhaitent acheter une quantité Q1 ;
- pour une quantité donnée, elle donne le prix le plus haut que les agents sont prêts à débourser pour acquérir la dernière unité de bien offerte. Les agents sont prêts à acheter la Q2ᵉ unité de bien à un prix maximum P2.

La variation du prix d'un bien entraîne un mouvement le long de la courbe de demande et une variation de la quantité demandée. ***Une hausse du prix provoque une baisse de la quantité demandée, une baisse du prix provoque une augmentation de cette quantité.***

Pour la fonction de demande D = 110 – 5.P, la quantité demandée est 105 pour un prix P = 1. Elle baisse à 100 pour un prix P = 2.

c) Les modifications de la quantité demandée

La quantité demandée se modifie :

- ***lorsque le prix des substituts se modifie***. Par exemple, si le chocolat blanc et le chocolat noir sont substituables, une augmentation du prix du chocolat blanc entraîne une diminution de sa demande et une augmentation de celle du chocolat noir ;
- ***lorsque le prix des compléments se modifie***. Deux biens sont complémentaires s'ils sont utilisés conjointement, comme les lecteurs de CD et les CD. Si le prix des lecteurs augmente, la demande diminuera, ce qui conduira à une baisse de la demande de CD ;

– ***par la modification du revenu***. Si le revenu des consommateurs diminue, leur demande de biens diminuera également ;
– ***par la modification des préférences des consommateurs***. Si on délaisse un produit, sa demande diminue ;
– ***par une modification de la taille de la population***. Lorsqu'elle augmente, la demande de biens augmente.

d) Les déplacements de la courbe de demande

Si le prix du produit reste fixé à un niveau P et qu'il survient une modification de la quantité demandée, cela se traduit graphiquement par un déplacement parallèle de la courbe de demande vers la droite ou vers la gauche.

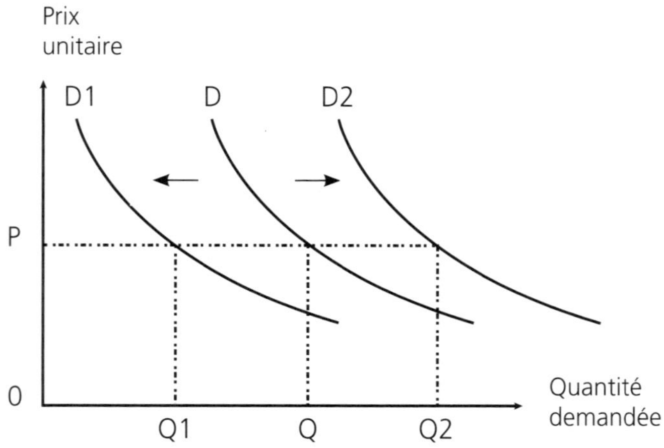

***Figure 6** : Les déplacements de la courbe de demande*

La situation initiale est caractérisée par la courbe de demande D indiquant une quantité demandée Q pour un prix P.

Le prix restant fixé à sa valeur initiale P, toute augmentation de la quantité demandée se traduit par un déplacement parallèle et vers la droite de la courbe D jusqu'à D2. Une nouvelle quantité demandée apparaît, Q2 > Q.

Une diminution de la quantité demandée se traduit, pour un prix constant, par un déplacement parallèle et vers la gauche de la courbe D jusqu'à D1, et fait apparaître une quantité demandée Q1 < Q.

Il faut noter qu'un déplacement de la courbe de demande peut également s'accompagner d'une modification du prix unitaire.

La confrontation de la courbe de demande et de la courbe d'offre détermine l'équilibre du marché.

■ *L'équilibre d'un marché*

Il s'agit de déterminer le prix qui fait que la quantité demandée soit la même que la quantité offerte. C'est ***le prix d'équilibre du marché***. On parle ***d'équilibre partiel*** lorsque l'on a une situation d'équilibre sur un marché particulier, et ***d'équilibre général*** lorsque tous les marchés sont équilibrés.

La quantité offerte est une fonction croissante du prix : $O = O(P)$ avec $O'_P > 0$. La dérivée première de la fonction d'offre est positive.

La quantité demandée est une fonction décroissante du prix : $D = D(P)$ avec $D'_P < O$. La dérivée première de la fonction de demande est négative.

a) La détermination du prix d'équilibre

Le prix d'équilibre P* est atteint lorsque la quantité offerte est égale à la quantité demandée. La quantité échangée Q* est telle que O (P*) = D (P*), et graphiquement on obtient :

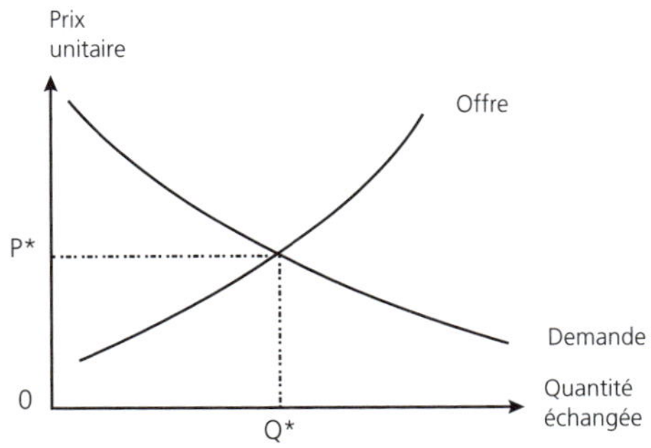

Figure 7 : *L'équilibre d'un marché*

Cette figure montre qu'il n'existe qu'un seul point de coordonnées (P*, Q*) qui assure l'équilibre du marché.

Avec la fonction d'offre O = 105.P et la fonction de demande D = 110 – 5.P, le prix d'équilibre est celui qui égalise l'offre et la demande, c'est-à-dire lorsque 105.P = 110 – 5.P. Il vient que P = 1, et la quantité d'équilibre est 105.

Pour un prix supérieur à P*, la quantité offerte est supérieure à celle demandée. Il y a un excès d'offre sur le marché. Les vendeurs ne parviennent pas à écouler toute leur production et sont obligés d'accepter une baisse de leur prix jusqu'à P*.

Pour un prix inférieur à P*, la quantité demandée est supérieure à celle offerte. Il y a excès de demande. Le prix va augmenter jusqu'à ce que l'offre égalise la demande et atteigne le niveau P*.

Cette situation d'équilibre évolue avec le déplacement des courbes d'offre et de demande.

b) L'évolution du prix d'équilibre

Supposons un marché équilibré sur lequel se produit une augmentation de la demande. Graphiquement, ceci se traduit par un déplacement parallèle et vers la droite de la courbe de demande.

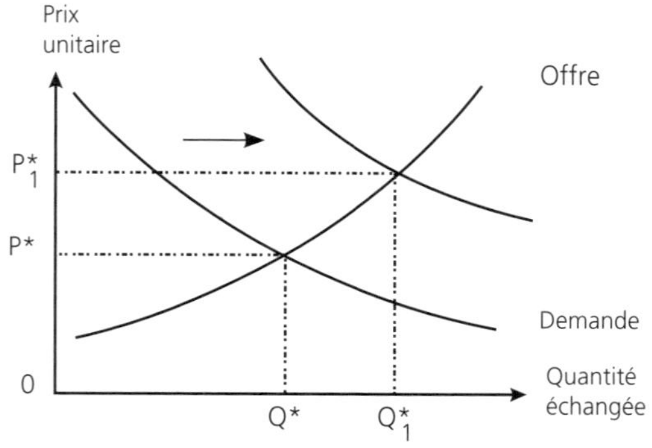

***Figure 8** : Une augmentation de la demande*

Il vient un nouvel équilibre de l'offre et de la demande caractérisé par une quantité échangée supérieure ($Q^*_1 > Q^*$) et une augmentation du prix qui passe de P^* à P^*_1.

Toute augmentation de la demande conduit à une hausse du prix d'équilibre. Au contraire, une diminution de la demande contribue à une baisse du prix d'équilibre.

Une modification peut intervenir au niveau de l'offre de biens et services.

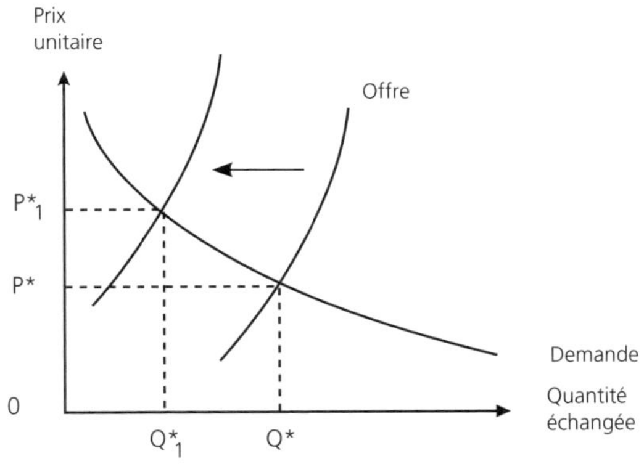

Figure 9 : *Une diminution de l'offre*

Suite à une baisse de l'offre, la quantité échangée diminue ($Q^*_1 < Q^*$) tandis que le prix d'équilibre augmente en passant de P^* à P^*_1.

Toute diminution de l'offre contribue à une hausse du prix d'équilibre. Au contraire, une augmentation de l'offre conduit à une baisse du prix d'équilibre.

Une modification de l'offre peut simultanément s'accompagner d'une modification de la demande. Dans cette situation, la courbe d'offre et la courbe de demande se déplacent. L'effet qui en résulte en matière de prix dépend de celui des deux effets qui est dominant.

Pour produire et offrir ces biens et services demandés sur les marchés, les entreprises emploient des travailleurs. Ceci conduit à examiner le marché du travail et de l'emploi.

Le travail et l'emploi

Chapitre 2

Sur quoi repose la décision de travailler, sur quels critères les entreprises embauchent et licencient, comment apparaît le chômage et comment le résorber ? Telles sont les questions traitées dans ce chapitre.

Que ce soit au niveau d'une entreprise individuelle ou au niveau d'une économie, le volume de l'emploi de la main-d'œuvre résulte de la confrontation d'une offre et d'une demande de travail. Lorsque l'on aborde l'emploi par le marché du travail, l'offre de travail émane des salariés tandis que la demande provient des entreprises.

Les économistes classiques considèrent le marché du travail comme n'importe quel autre marché qu'ils étudient à partir d'une analyse microéconomique. Le travail résulte de la négociation d'un contrat de travail et la taille de la population active dépend de paramètres démographiques et sociaux mais pas économiques. La flexibilité du salaire réel conduit les économistes classiques à qualifier le chômage de volontaire. Ceci fera l'objet d'un premier point.

L'analyse keynésienne de l'emploi et du chômage connaît des différences profondes avec l'analyse classique. Le chômage ne résulte pas de rigidité du salaire à la baisse mais d'une insuffisance de la demande effective. Ceci sera analysé dans un deuxième point.

1 L'équilibre néoclassique du marché du travail

L'analyse néoclassique du marché du travail repose sur trois grandes hypothèses :

- ***l'homogénéité du travail***. Aucune distinction n'est faite selon la qualification et la localisation du travail utilisé. On suppose qu'il y a un marché du travail unique plutôt que des marchés spécifiques ;
- ***le libre accès au marché.*** Les agents économiques sont libres d'entrer et de sortir du marché du travail. Ils ont une parfaite mobilité et les négociations salariales sont libres ;

– ***la transparence des négociations***. Les salariés et les entrepreneurs sont parfaitement informés sur les différents contrats de travail passés pour chaque type d'emploi.

Sous ces hypothèses et sur des fondements microéconomiques, nous allons présenter successivement l'offre et la demande de travail.

■ *L'offre de travail*

Elle représente la quantité de travail que les salariés souhaitent vendre sur le marché à chaque niveau de salaire. Au niveau d'un ménage, c'est le nombre d'heures de travail qu'il est prêt à offrir à une entreprise.

Pour un individu, l'offre de travail dépend de la comparaison établie entre l'utilité du salaire et le sacrifice de loisir qu'impose le travail. Par « loisir » il faut entendre le temps qui n'est pas consacré à une activité salariée. Il peut s'agir du temps consacré à la production de biens ou de services domestiques (bricolage, jardinage).

L'analyse repose sur trois hypothèses :

– l'individu peut choisir le ***nombre d'heures*** qu'il désire consacrer au travail ;
– le travail est pénible. Pour qu'un individu l'accepte, il faut lui verser un ***salaire*** ;
– le travailleur n'est pas sujet à illusion monétaire. Il s'intéresse au ***pouvoir d'achat*** de son salaire, donc à son ***salaire réel*** et pas à son salaire monétaire ou nominal.

L'agent économique arbitre entre loisir et travail. Il dispose d'un temps limité qu'il utilise en loisir ou en travail, sachant que le travail lui fournit un salaire qui lui permet de consommer.

$U = U(\text{Consommation, Loisir})$ avec $U'_{\text{Consommation}} > 0$ et $U'_{\text{Loisir}} > 0$

Le ménage maximise son utilité sous une contrainte budgétaire pour laquelle le prix des biens de consommation P et le taux de salaire W sont donnés.

La relation entre l'offre de travail et le salaire dépend de deux effets contraires : l'effet de substitution et l'effet de revenu qui découlent d'une variation du salaire.

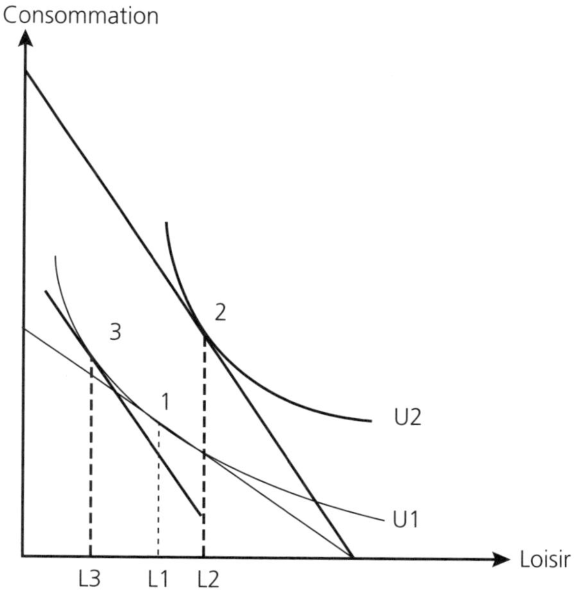

Figure 1

On part de la situation initiale 1.

Avec l'effet de substitution 3, si le salaire augmente, le loisir devient relativement plus cher et on en consomme moins. On reporte sa dépense vers les biens de consommation moins onéreux. Donc, si le salaire augmente, on travaille plus.

Avec l'effet de revenu 2, si le salaire augmente, on devient plus riche et cela augmente la demande de tous les biens (consommation et loisir). Donc si le salaire augmente, on travaille moins.

Les néoclassiques considèrent que l'effet de substitution est dominant sur l'effet de revenu.

L'offre de travail (L^o) est une fonction croissante du salaire réel (w/p).

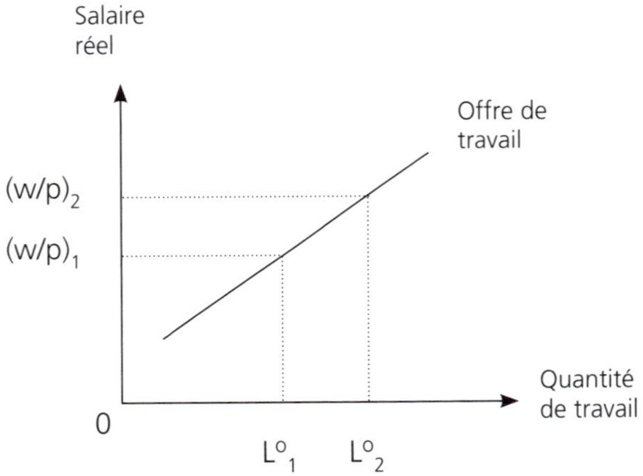

Figure 2 : *La courbe d'offre de travail*

Au niveau d'une économie, au plan macro-économique, l'offre de travail est obtenue en sommant, pour chaque niveau de salaire réel, la quantité de travail que chaque individu est prêt à offrir. On peut porter directement l'emploi en abscisse. L'analyse en terme réel montre qu'une indexation de l'évolution du salaire nominal sur celle des prix n'exerce aucun effet sur l'offre de travail.

Soit la fonction d'offre de travail $L^o = 2{,}5\ W/P$

Pour P fixé à 1, si W = 10, alors $L^o = 25$. Si W = 12, alors $L^o = 30$.

■ *La demande de travail*

La demande de travail émane des entreprises. Elle reflète leur besoin en main-d'œuvre en fonction des conditions de production et du prix du travail.

L'analyse s'appuie sur le comportement de l'entrepreneur individuel en régime de concurrence qui cherche à maximiser son profit.

La demande de travail est issue de la fonction de production de court terme. Le stock de capital étant supposé constant, les variations de quantités produites sont obtenues exclusivement par des modifications de la quantité de travail. Cette fonction de production suppose que le travail est homogène et que n'importe quelle quantité peut être demandée sur le marché.

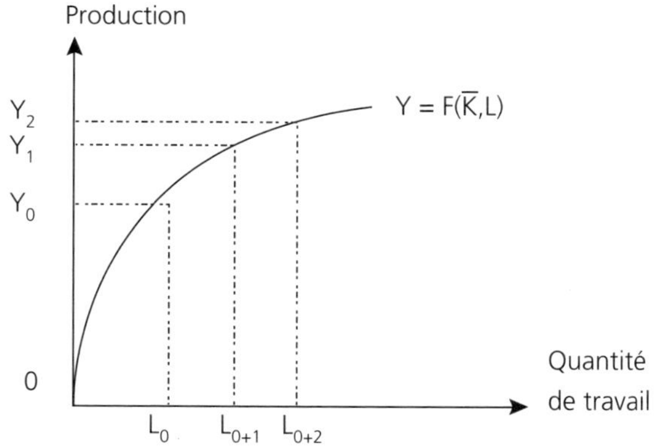

Figure 3 : *Fonction de production à coefficients variables en courte période*

Le produit marginal du travail représente la ***quantité supplémentaire de produit obtenue par unité de travail additionnelle.*** Le travailleur supplémentaire $(L_{0+1} - L_0)$ permet de produire une quantité de bien $(Y_1 - Y_0)$ alors que le travailleur supplémentaire $(L_{0+2} - L_{0+1})$ permet de produire une quantité de bien $(Y_2 - Y_1)$. La fonction de production ayant des rendements décroissants, la productivité marginale en volume est décroissante :

$(Y_2 - Y_1) < (Y_1 - Y_0)$.

Pour obtenir cette productivité marginale du travail en valeur, il suffit de multiplier les quantités produites par le prix unitaire P et l'on a :

$P.(Y_2 - Y_1) < P.(Y_1 - Y_0).,$

Si l'entreprise n'a que des coûts salariaux, le coût de chaque travailleur est représenté par son salaire W. Elle va employer des salariés tant que ceux-ci lui rapportent plus qu'ils ne lui coûtent, c'est-à-dire ΔY mesurant la productivité marginale du travail en volume, tant que :

$P.(\Delta Y) > W \Leftrightarrow \Delta Y > W/P$

L'entrepreneur recrute des travailleurs tant que la productivité marginale du travail en volume est supérieure au salaire réel.

Si le salaire réel diminue, l'entrepreneur embauche davantage de travailleurs. Cette analyse est valable au niveau microéconomique et au niveau macro-économique. ***La demande de travail est une fonction décroissante du salaire réel,*** les entreprises n'étant pas sujettes à illusion monétaire.

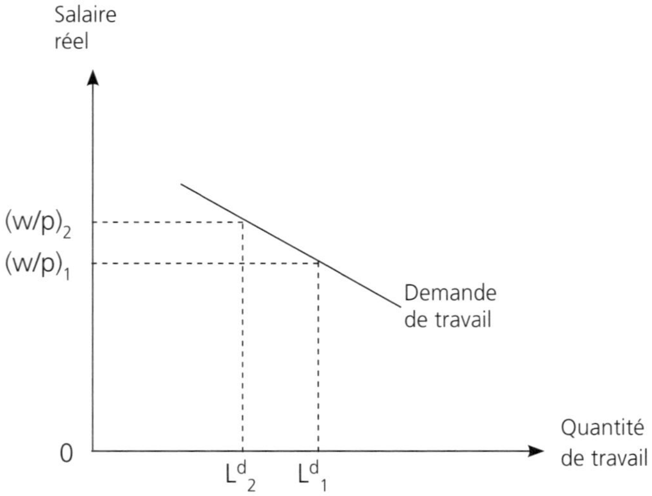

Figure 4 : *La courbe de demande de travail*

Dans l'analyse néoclassique de la demande de travail, les entreprises réduisent leur production et licencient des travailleurs si le salaire réel augmente.

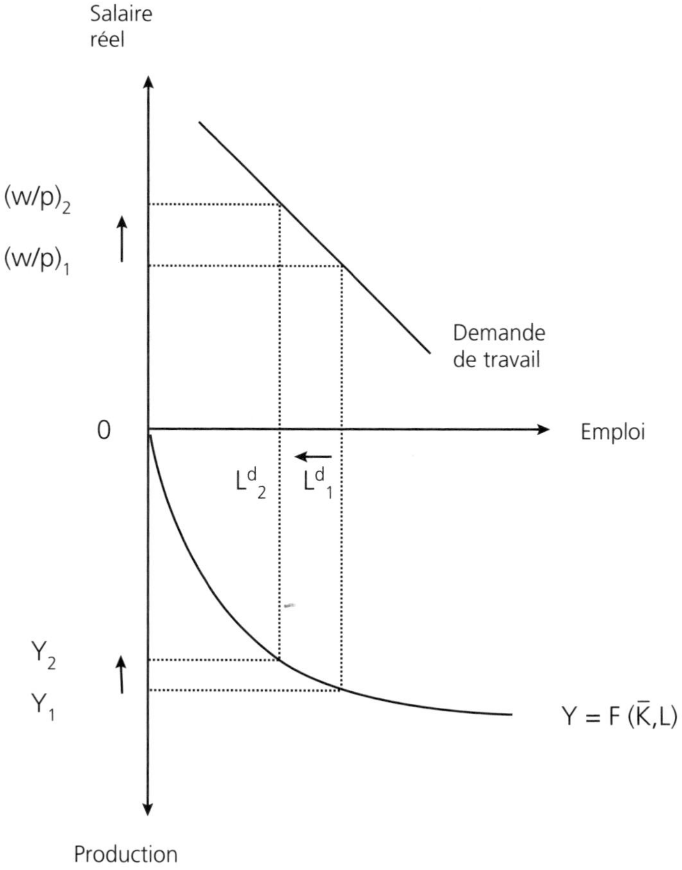

***Figure 5** : La demande de travail et la fonction de production*

Cette offre et cette demande conduisent à un équilibre du marché du travail.

Avec la fonction de production : $Y = 100.L^{1/2}$ (on a K = 100)

La productivité marginale du travail nous est donnée par la dérivée première de la fonction de production par rapport au facteur L :

$F'_L = (1/2).100.L^{1/2 - 1} = 50.L^{-1/2}$

$F'_L = W/P \rightarrow 50.L^{-1/2} = W/P \rightarrow L^{-1/2} = W/50.P$. La demande de travail est $L^D = 2\,500/(W/P)^2$

Si on pose $P = 1 \rightarrow L^D = 2\,500/W^2$

Si $W = 10 \rightarrow L^D = 25$

Si $W = 11 \rightarrow L^D = 20.6$

Si $W = 12 \rightarrow L^D = 17.36$

L'équilibre du marché du travail et le chômage volontaire

Il se réalise par la confrontation de l'offre et de la demande de travail et définit une solution unique qui indique la quantité de travail échangée dans l'économie ainsi que le salaire réel d'équilibre.

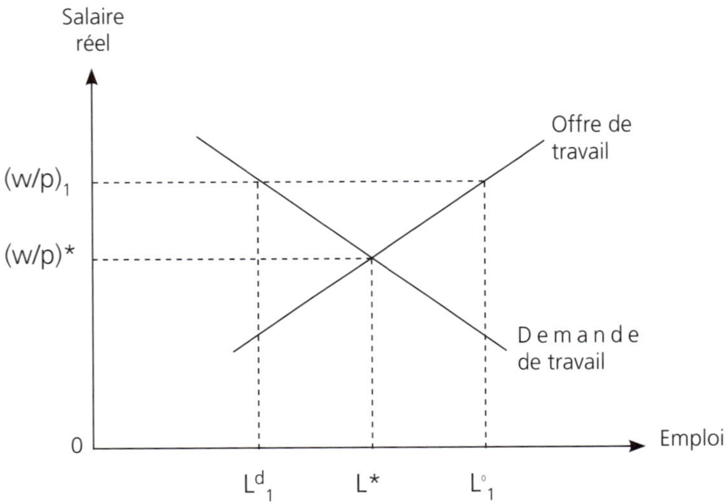

Figure 6 : *L'équilibre du marché du travail*

L'équilibre du marché du travail est réalisé pour un ***niveau de salaire*** $(w/p)^*$ et donne un ***niveau d'emploi*** L^*. Si le salaire est fixé à un niveau $(w/p)_1$, l'offre de travail est égale à L^o_1 et la demande de travail est L^d_1. Un ***déséquilibre*** apparaît entre l'offre et la demande et fait apparaître un ***chômage volontaire*** $(L^o_1 - L^d_1)$. Pour ce taux de salaire $(w/p)_1$, l'offre est supérieure à la demande et des travailleurs restent sans emploi. Seule une diminution du salaire jusqu'au niveau $(w/p)^*$ permettrait de retrouver une situation d'équilibre. En effet, si le salaire diminuait, l'offre de travail se réduirait du fait que certaines personnes quitteraient le marché du travail car elles ne voudraient pas renoncer à leurs loisirs à ce niveau de salaire plus faible, et parallèlement, les entreprises embaucheraient. Ces deux mouvements se produiraient jusqu'au salaire d'équilibre $(w/p)^*$.

Avec la fonction de demande de travail $L^D = 2\,500/(W/P)^2$ et la fonction d'offre de travail $L^O = 2{,}5\,(W/P)$, l'équilibre est atteint lorsque $L^O = L^D$. Si l'on pose $P = 1$, on a $2\,500/W^2 = 2{,}5\,W$ → $W^3 = 1\,000$ → $W = 10$. Le salaire réel d'équilibre est 10 et la quantité de travail d'équilibre est 25.

Au salaire réel d'équilibre, tout individu qui souhaite travailler trouve à s'employer. Le niveau d'équilibre de l'emploi correspond au plein emploi de la main-d'œuvre. À l'équilibre, le chômage qui subsiste éventuellement ne peut être qu'un chômage volontaire pour deux raisons :

- si des travailleurs restent sans emploi, c'est qu'ils demandent des salaires trop élevés par rapport à la productivité marginale du travail. Leur chômage doit donc être considéré comme volontaire ;
- le marchandage entre les employeurs et les travailleurs sur les salaires nominaux commande également les salaires réels. De ce fait, les travailleurs sont en mesure de déterminer leur salaire réel et, par conséquence le volume de l'emploi. Tout chômage existant est donc, pour un niveau de salaire donné, un chômage volontaire.

Ainsi, dans l'analyse néoclassique, le chômage est dû à une rigidité des salaires à la baisse. En termes politiques, l'interprétation de cette situation est claire. Des individus sont au chômage car des institutions, en particulier les syndicats, empêchent le salaire réel de baisser pour ajuster le marché du travail. Pourquoi les travailleurs et leurs organisations syndicales préfèrent-ils le chômage plutôt que d'accepter une baisse du salaire ? Une réponse est que l'indemnisation des chômeurs introduit un biais en faveur des licenciements. Si les travailleurs sont licenciés, ils sont indemnisés, alors que s'ils acceptent une baisse de salaires, ils ne le sont pas pour la diminution de leur revenu. Ceci peut expliquer pourquoi les syndicats résistent plus fermement aux baisses de salaires qu'aux réductions d'emploi.

2 L'analyse keynésienne de l'emploi

L'analyse keynésienne ne remet pas fondamentalement en cause l'analyse classique de la demande de travail des entreprises. Une différence fondamentale entre l'analyse néoclassique et l'analyse keynésienne apparaît au niveau de l'offre de travail. Cependant, pour Keynes, la demande de travail dépend également du niveau de la demande effective.

■ *L'offre de travail keynésienne*

Pour Keynes, l'offre de travail n'est pas une fonction croissante du salaire réel. Il part du principe que, dans la réalité, ***les contrats de travail entre employeurs et employés ne fixent pas le pouvoir d'achat des travailleurs mais le salaire nominal.*** Lors d'une embauche, le salarié observe le salaire effectivement en vigueur sur le marché, c'est-à-dire le salaire nominal. La véritable future inflation n'est pas connue, et la négociation ne peut porter que sur ce qui est réellement connu. Si un employeur propose à un futur salarié un salaire plus faible que celui en vigueur sur le marché sous prétexte que la conjoncture économique est déprimée, on ne voit pas pourquoi ledit salarié accepterait ce salaire plus faible tant que les autres salariés ne baissent pas eux mêmes leur salaire. Cette rigidité du salaire à la baisse est également justifiée par l'existence d'organisations syndicales et par la réglementation qui, par exemple, instaure un salaire minimum.

Le fait que les salariés négocient les contrats de travail à partir des salaires nominaux révèle une certaine ***illusion monétaire.*** Il y a de leur part une certaine confusion entre les salaires nominaux et les salaires réels.

L'analyse keynésienne souligne que la courbe d'offre de travail redevient, comme chez les classiques, une fonction croissante du salaire dès l'instant où l'économie a atteint une situation de plein emploi.

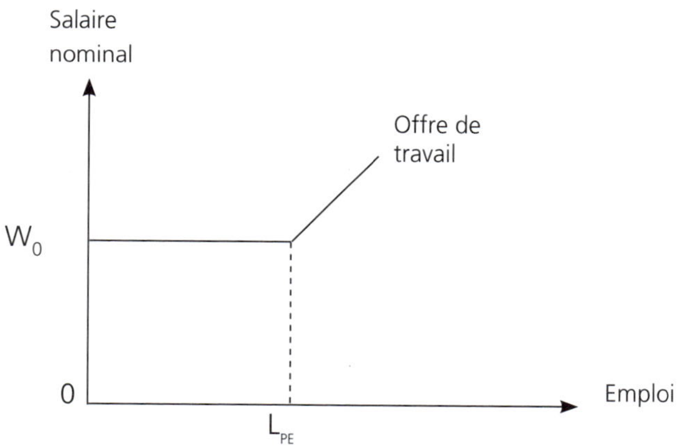

Figure 7 : La courbe d'offre de travail

Le fait que l'offre de travail n'est pas une fonction croissante du salaire est représentée graphiquement par la droite horizontale qui se situe au niveau du taux de salaire plancher W_0. Ce dernier est également appelé salaire de réserve et représente un salaire minimal incompressible.

À gauche du plein emploi L_{PE}, le salaire nominal est indépendant du niveau de l'emploi. Il est rigide à la baisse. Lorsque le plein emploi est atteint dans l'économie, la courbe d'offre de travail retrouve l'allure décrite par les classiques.

■ *L'équilibre de sous-emploi et le chômage involontaire*

La situation d'équilibre est déterminée par l'intersection des courbes d'offre et de demande de travail. Si le niveau général des prix est donné, l'offre de travail est reliée au salaire réel (w/p) et l'on peut tracer la courbe de demande sur le même graphique.

L'intersection des courbes d'offre et de demande de travail montre qu'une situation de plein emploi est observée au point E. La courbe de demande coupe la courbe d'offre de travail lorsque cette dernière devient une fonction croissante du salaire réel. Si l'intersection a lieu à gauche du point E, on a aussi une situation d'équilibre mais c'est un ***équilibre de sous-emploi.*** La distance ($L_{PE} - L_{SE}$) mesure un ***chômage involontaire***. Celui-ci ne s'explique pas par l'exigence d'un salaire supérieur au salaire d'équilibre. Les gens sans travail demandent simplement le salaire payé par les entreprises mais à ce niveau, les entreprises ne peuvent pas embaucher.

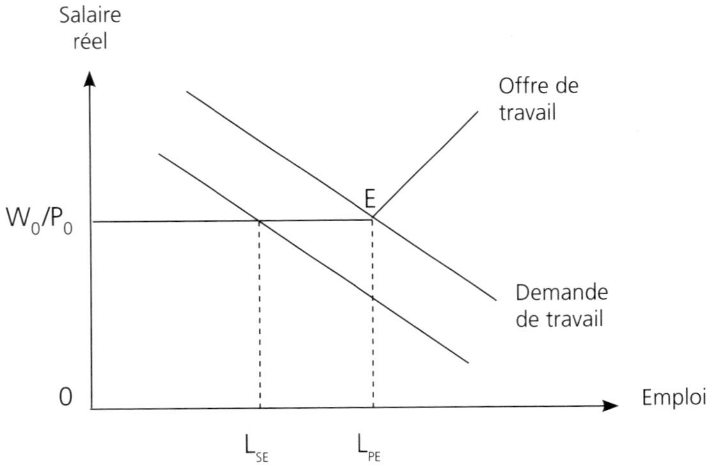

Figure 8 : *L'équilibre de sous-emploi*

Notons que le marché du travail peut rester durablement dans cette situation puisqu'elle est d'équilibre.

Face à ce chômage involontaire, faut-il baisser les salaires nominaux ? Keynes est opposé à cette baisse. Il fait tout d'abord observer que les salaires nominaux et les prix sont constants pendant la courte période. Ensuite, il fait remarquer qu'une baisse des salaires nominaux n'affecte pas l'emploi car celle-ci entraîne une baisse de la demande globale qui à son tour entraîne une baisse du niveau général des prix. Le salaire réel reste en fin de compte à son niveau initial.

La méthode keynésienne de retour au plein emploi est d'accroître la demande globale. Sous l'hypothèse de court terme de fixité du stock de capital, toute demande supplémentaire sera satisfaite par une augmentation de la production et donc par une augmentation de la demande de travail des entreprises.

La consommation est un élément essentiel de la demande globale, son analyse va faire l'objet du chapitre qui suit.

La consommation et l'épargne

Chapitre 3

Nous cherchons à déterminer quels sont les facteurs qui expliquent la consommation et l'épargne des ménages. La réflexion porte alors sur des équations de comportement.

Consommer est l'acte d'utiliser un bien ou un service à des fins individuelles ou collectives. En économie, on distingue deux sortes de consommation :

- la ***consommation intermédiaire*** comme l'électricité qui entre dans le processus de production.
- la ***consommation finale*** qui est l'utilisation d'un bien en vue de la satisfaction des besoins humains. Elle implique la destruction immédiate ou l'usure progressive du bien. Cette consommation est dite finale car les biens consommés ne serviront pas à la production. Seule cette dernière retiendra notre attention.

Keynes propose une analyse macro-économique de la consommation finale et de l'épargne. Dans la *Théorie générale de l'emploi, de l'intérêt et de la monnaie*, il fut un des premiers à souligner ***l'importance du revenu dans la décision de consommer et d'épargner.*** Ceci sera précisé dans un premier point.

Cette proposition keynésienne a fait l'objet de nombreux tests économétriques qui ont conduit à des résultats contradictoires sur la forme de la fonction, et à la formulation de nouvelles hypothèses concernant le comportement de consommation. Ceci fera l'objet d'un second point.

L'étude de la consommation n'est pas présente dans le cadre traditionnel de l'analyse des classiques. Dans une perspective microéconomique, ils construisent la demande d'un bien en privilégiant la relation prix-quantité. L'épargne est analysée comme une offre de fonds prêtables. Elle fera l'objet d'un troisième point.

1 La consommation et l'épargne chez Keynes

La fonction de consommation

La fonction de consommation est la relation qui existe entre la valeur désirée des dépenses de consommation et les variables qui les déterminent. Elle cherche à traduire le comportement des agents économiques. Elle trouve sa justification dans ce que Keynes appelle la « loi psychologique fondamentale » et peut être représentée graphiquement sous trois formes.

a) La loi psychologique fondamentale

Selon Keynes, « les hommes tendent à accroître leur consommation à mesure que leur revenu croît, mais non d'une quantité aussi grande que l'accroissement du revenu ». Ceci met en évidence que la consommation est expliquée par le niveau du revenu, et qu'elle en est une fonction croissante.

On appelle ***propension moyenne à consommer*** (PMC) la part du revenu (Y) qui, au cours d'une période, est consacrée à la consommation (C) :

$$PMC = \frac{C}{Y}$$

Si C = 80 et Y = 100, alors PMC = 0,8. Ceci signifie que 80 % du revenu est affecté à la consommation.

On appelle ***propension marginale à consommer*** (PmC) – que l'on note c – la variation de consommation induite par une variation du revenu :

$$PmC = c = \frac{\Delta C}{\Delta Y}$$

Avec $\Delta Y = 10$ et $\Delta C = 7$, il vient que c = 0,7, ce qui exprime que l'on affecte 70 % d'une augmentation du revenu à l'augmentation de la consommation.

Il est possible de représenter graphiquement cette fonction de consommation.

b) Trois représentations graphiques de la fonction de consommation

La relation exprimant que le niveau de consommation est expliqué par le niveau du revenu peut revêtir trois formes différentes.

Une fonction de consommation linéaire. Elle prend la forme :

$C = c.Y$ avec $0 < c < 1$

La propension marginale à consommer positive et inférieure à l'unité indique que la consommation augmente avec le revenu mais ne représente pas l'intégralité de celui-ci. Graphiquement, elle mesure la pente de la droite de consommation.

La droite 0M est la première bissectrice et forme un angle de 45° avec l'axe des abscisses. Sur la première bissectrice, la propension moyenne et la propension marginale à consommer sont toutes deux égales à 1. Comme $0 < c < 1$, la pente de la droite de consommation est inférieure à celle de la première bissectrice.

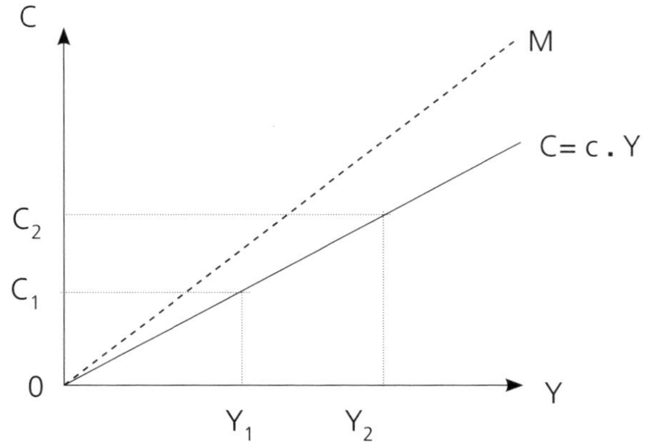

***Figure 1** : La fonction de consommation linéaire*

Dans une fonction de consommation linéaire, la PMC est égale à la PmC et toutes deux sont constantes. On a :

$$\frac{C_1}{Y_1} = \frac{C_2}{Y_2} = \frac{\Delta C}{\Delta Y} = c = cste$$

Si $C_1 = 80$ et $Y_1 = 100$, la propension moyenne à consommer est égale à la propension marginale à consommer (0,8). Si le revenu passe à 120, la consommation augmente et devient égale à 96.

Une fonction de consommation affine. Elle est de la forme :

$C = c.Y + C_a$ avec $0 < c < 1$

Le terme C_a indique la valeur de la consommation lorsque le revenu Y est nul. C_a est appelé ***consommation autonome*** car indépendante du revenu. Il s'agit d'un montant de consommation incompressible. Même si le revenu devient nul, il existe une consommation positive.

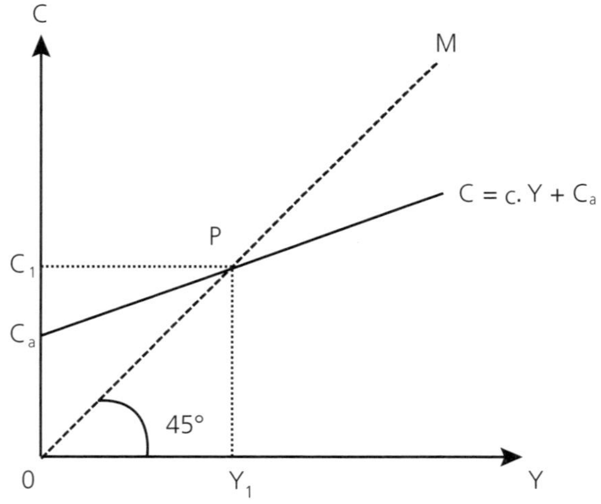

Figure 2 : *La fonction de consommation affine*

La propension marginale à consommer est constante et inférieure à la propension moyenne :

$$PMC = c + \frac{C_a}{Y}$$

or $PmC = c$

d' ou $PmC < PMC$

La consommation est égale au revenu au point P. De ce fait, la propension moyenne à consommer est égale à 1 en ce point.

À gauche de P, la consommation est supérieure au revenu et fait apparaître une propension moyenne à consommer supérieure à l'unité. À droite de P, le revenu est supérieur à la consommation et la propension moyenne à consommer est inférieure à 1. La propension moyenne à consommer diminue lorsque le revenu augmente.

Pour la fonction de consommation $C = 0{,}7Y + 7$, la propension marginale à consommer est de 0,7. Avec un revenu $Y = 100$, la propension moyenne est $0{,}7 + 0{,}07 = 0{,}77$.

Une fonction de consommation concave. Elle s'écrit :

$C = F(Y)$ avec $F'_Y > 0$, $F''_{YY} < 0$ et $F(0) = C_a$

F'_Y représente la propension marginale à consommer qui est positive. La fonction est croissante.

$F''_{YY} < 0$ traduit le fait que c diminue avec l'augmentation du revenu.

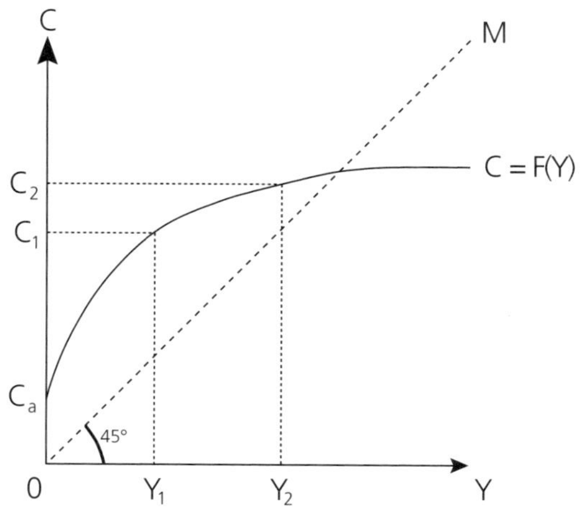

Figure 3 : *Une fonction de consommation concave*

Dans le cas d'une fonction de consommation concave :

– la propension moyenne à consommer diminue lorsque le revenu augmente : $\frac{C1}{Y1} > \frac{C2}{Y2}$;

– la propension marginale à consommer diminue avec l'augmentation du niveau de revenu. La pente de la tangente est plus faible au point de coordonnées (Y_2, C_2) qu'au point de coordonnées (Y_1, C_1).

Cette fonction de consommation concave correspond aux indications données par Keynes lorsqu'il écrit au chapitre X de la Théorie Générale : « *La propension marginale à consommer n'est pas la même quel que soit le niveau de l'emploi, et il est probable qu'en règle générale elle tend à diminuer quand l'emploi augmente ; autrement dit, lorsque le revenu réel augmente, la communauté ne désire consommer qu'une proportion graduellement décroissante de son revenu* ».

Cette fonction de consommation conduit à l'obtention de la fonction d'épargne keynésienne.

■ *La fonction d'épargne*

Le comportement d'épargne est décrit d'une manière très simple chez Keynes qui note : « *Personne ne conteste que l'épargne soit l'excès du revenu sur la dépense pour la consommation* ».

Cette épargne (S) est simplement la partie du revenu (Y) qui n'est pas consommée. Elle apparaît comme un résidu.

On définit la ***propension moyenne à épargner*** (PMS) comme la part du revenu consacrée à l'épargne :

$$PMS = \frac{S}{Y}$$

Si S = 20 et Y = 100, on épargne en moyenne 20 % du revenu.

La ***propension marginale à épargner*** notée s est la variation d'épargne induite par une variation du revenu :

$$s = \frac{\Delta S}{\Delta Y}$$

Si l'épargne augmente de 4 suite à une augmentation du revenu de 10, la propension marginale à épargner est de 0,4.

Compte tenu de la définition de l'épargne, le revenu apparaît comme la somme de la consommation et de l'épargne :

$Y = C + S$

Si l'on divise les deux membres de l'égalité par Y on obtient :

$$1 = \frac{C}{Y} + \frac{S}{Y}$$

La somme des propensions moyennes à consommer et à épargner est égale à l'unité.

De plus, tout accroissement de revenu ΔY n'a que deux emplois possibles, la consommation et l'épargne. On a $\Delta Y = \Delta C + \Delta S$, et en divisant par ΔY il vient :

$$1 = \frac{\Delta C}{\Delta Y} + \frac{\Delta S}{\Delta Y} = c + s$$

La somme des propensions marginales à consommer et à épargner est donc aussi égale à l'unité.

La fonction d'épargne se déduit de la fonction de consommation. Dans le cas d'une fonction de consommation linéaire, la fonction d'épargne est linéaire. Si $C = 0{,}8Y$, alors $S = 0{,}2Y$.

Dans le cas d'une fonction de consommation affine $C = c\,.Y + C_a$ on a :

$S = Y - C = Y - c\,.Y - C_a$

$S = (1 - c)Y - C_a$

$S = s\,.Y - C_a$

Si $C = 0{,}8Y + 20$, alors $S = 0{,}2Y - 20$.

L'épargne est ainsi une fonction croissante du revenu car $0 < s < 1$.

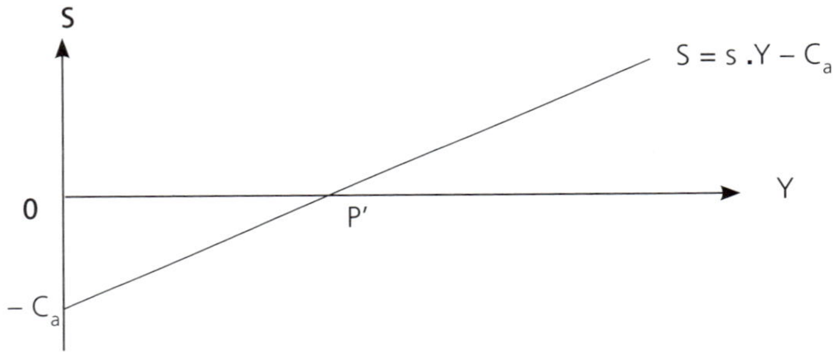

Figure 4 : *Une fonction d'épargne affine*

Au point P', l'épargne est nulle et la totalité du revenu est consacrée à la consommation. Sur le segment [$- C_a$, P'] les agents économiques désépargnent, ce qui leur permet d'avoir un niveau de consommation supérieur à leur revenu. Sur la demi-droite [P', S] les agents épargnent et ont un revenu supérieur à leur consommation.

Cette analyse macro-économique keynésienne de la consommation a fait l'objet de nombreux tests statistiques et de nouvelles formulations.

2 L'analyse keynésienne testée et reformulée

Après la Seconde Guerre mondiale, l'analyse keynésienne de la consommation a fait l'objet de nombreuses études statistiques et a révélé des résultats contradictoires qui ont donné lieu à plusieurs tentatives d'explications.

■ *Les résultats contradictoires de la formulation keynésienne*

Les travaux empiriques visant à tester la relation proposée par Keynes ont fait apparaître des résultats contradictoires. ***La fonction de consommation est vérifiée à court terme mais infirmée à long terme.***

Les observations de court terme sont étudiées soit sur des séries temporelles portant sur des valeurs annuelles ou trimestrielles de la consommation et des revenus des ménages, soit sur des séries en coupe transversale. L'observation en coupe transversale consiste à établir statistiquement, à partir des budgets des ménages, le niveau de consommation atteint pour chaque niveau de revenu par les ménages correspondants.

Ces ***observations de court terme*** font apparaître une série de points que l'on peut ajuster par une ***droite d'équation de type affine*** : $C = c.Y + C_a$ avec $0 < c < 1$. Ce résultat confirme les hypothèses keynésiennes selon lesquelles la propension marginale à consommer est inférieure à 1 et inférieure à la propension moyenne à consommer qui diminue quand le revenu augmente.

Les ***observations de long terme*** effectuées sur des séries temporelles longues font apparaître une série de points que l'on peut ajuster par une ***droite d'équation de type linéaire*** :

$C = c.Y$ avec $0 < c < 1$.

Il en découle d'une part, que la propension marginale à consommer est constante et inférieure à l'unité, et d'autre part, que la propension moyenne à consommer est égale à la propension marginale. L'analyse de Keynes est donc partiellement invalidée puisque la propension moyenne à consommer est restée constante sur une longue période durant laquelle le revenu a augmenté.

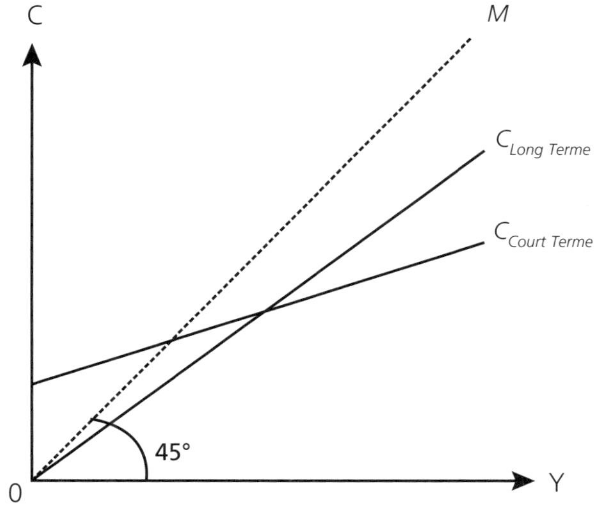

Figure 5 : *Les résultats statistiques de la fonction de consommation*

Des recherches théoriques ont été déployées dans différentes directions pour expliquer ce constat empirique.

■ *Les reformulations de l'analyse de Keynes*

Certains travaux ont proposé de modifier ou de reformuler la fonction de consommation keynésienne. Ceci a parfois permis d'expliquer les différences constatées entre les observations empiriques de court et de long termes.

a) La théorie du revenu relatif

En 1949, James Duesenberry offre une explication de la consommation compatible avec les observations transversales et avec les observations sur séries temporelles. Deux hypothèses sont étudiées et impliquent deux définitions du revenu relatif.

La première repose sur l'idée que la part de la consommation dans le revenu est d'autant plus forte que l'on descend dans la hiérarchie des revenus. Les agents ont une certaine volonté de rechercher un niveau de vie sans cesse plus élevé, ils veulent imiter ceux qui ont un revenu supérieur. On parle d'***effet d'imitation***. La consommation confère un certain statut social que les agents cherchent à obtenir en réduisant leur épargne dans le cas de faibles revenus. Ceci explique que pour les études en coupe transversale la propension moyenne à consommer diminue quand le revenu augmente. ***La propension à consommer d'un ménage dépend de son revenu relatif au sein d'un groupe social.*** La propension à consommer est élevée pour les classes à revenus faibles.

L'idée de la deuxième définition est que pour une période donnée, la consommation d'un ménage n'est pas seulement influencée par le revenu de cette même période, mais par le revenu maximum atteint dans le passé. Il y a un phénomène de ***mémoire économique***.

Lorsque, en période de récession, le revenu courant vient à diminuer, les agents économiques essaient de conserver leur niveau de vie antérieur. Ils maintiennent leurs habitudes de consommation basées sur un revenu antérieur supérieur au revenu courant. Cette résistance à la baisse de la consommation en période de récession peut être traduite par l'expression d'***effet de crémaillère ou de cliquet***.

On peut formaliser ceci de la manière suivante :

$$C = c \cdot Y + b \cdot Y^*$$

avec C = consommation courante
Y = revenu courant

Y^* = revenu maximum dont on se souvient

c *et* b sont des propensions à consommer

En longue période, le revenu a tendance à augmenter, donc le revenu courant est plus élevé que tous les revenus passés. On a $Y = Y^*$ et l'équation devient :

$$C = (c + b) . Y$$

qui est l'équation d'une fonction de consommation de type linéaire.

En courte période et notamment en période de récession, les agents économiques se souviennent de leur revenu passé élevé (Y^*) avec lequel ils ont pris des habitudes de consommation. Comme $Y^* \neq Y$ la fonction de consommation s'écrit :

$$C = c . Y + b . Y^*$$

qui est une fonction de consommation de type affine.

Cette analyse permet de retrouver les résultats empiriques.

La propension moyenne à consommer de court terme diminue quand le revenu augmente.

La propension moyenne à consommer de long terme est constante et égale à la propension marginale à consommer (c + b).

La propension marginale à consommer de court terme est inférieure à celle de long terme ($c < c + b$).

En mettant en avant l'idée que le revenu à prendre en considération pour expliquer la consommation n'est pas le revenu absolu mais le revenu relatif, Duesenberry montre comment il est possible de réconcilier les études empiriques de court et de long termes.

b) Le rôle des anticipations : la théorie du revenu permanent

Cette théorie, avancée par Milton Friedman en 1957, estime que le principal déterminant des dépenses de consommation n'est pas comme dans l'analyse keynésienne le ***revenu courant***, mais ce qu'il appelle le ***revenu permanent***. Il suppose qu'il existe dans le revenu effectif d'un agent économique ou d'une nation (Y) deux composantes ; l'une permanente (Yp) et l'autre transitoire (Yt) avec :

$$Y = Yp + Yt$$

Le ***revenu permanent*** (Yp) n'est pas directement observable. Il représente le revenu que l'agent économique prévoit de recevoir régulièrement tout au long de son existence en tenant compte de sa qualification, de son expérience, de sa fortune, c'est-à-dire approximativement de sa richesse. C'est un revenu anticipé.

Le ***revenu transitoire*** (Yt) est constitué d'éléments positifs (un gain au jeu) et d'éléments négatifs (une perte d'activité). Il est indépendant du revenu permanent et a une espérance mathématique nulle (E(Yt) = 0).

De la même façon, la consommation (C) peut être divisée en ***consommation permanente*** (Cp) et en ***consommation transitoire*** (Ct) avec E(Ct) = 0 :

$$C = Cp + Ct$$

La consommation permanente correspond aux dépenses normales liées au mode de vie alors que la composante transitoire est constituée des dépenses imprévisibles et donc aléatoires.

Friedman suppose une absence de corrélation entre Yp et Yt et entre Cp et Ct.

Au plan macro-économique, des phases d'expansion succèdent à des phases de récession. Les premières occasionnent un revenu transitoire positif, les secondes un revenu transitoire négatif. En longue période, les gains imprévus viennent compenser les pertes imprévues.

Pour Friedman, la fonction de consommation doit être étudiée à long terme et se présente sous la forme d'une fonction de consommation de type linéaire :

$$Cp = k \cdot Yp$$

avec $k > 0$.

Il existe à long terme une relation stable entre la consommation permanente et le revenu permanent qui est de type linéaire. Si l'on a pu trouver des fonctions de consommation de type affine, c'est parce que l'on n'a pas utilisé les variables pertinentes que sont la consommation permanente et le revenu permanent. En effet, si l'on rapporte la consommation au revenu courant de la période, on peut trouver une fonction de consommation de type affine car ce revenu comporte éventuellement un élément transitoire, positif ou négatif.

c) L'influence de la démographie : l'hypothèse du cycle de vie

Élaborée en 1963 par Franco Modigliani, cette théorie introduit, à côté du revenu, la richesse comme variable explicative de la consommation. Le cadre temporel est celui de la durée de vie d'un agent économique qui possède au départ un patrimoine nul et qui ne désire pas laisser d'héritage. Cet agent a un cycle de vie comportant trois phases :

– ***la jeunesse*** au cours de laquelle il est emprunteur ($S < 0$), ce qui lui permet de consommer sans avoir à travailler ;

– ***la vie active*** qui va lui permettre, grâce à un revenu issu du travail supérieur à la consommation (Y > C), de rembourser les dettes contractées au cours de sa jeunesse et, en épargnant (S > 0), d'accumuler un patrimoine qui lui servira pour sa retraite. On inclut ici les cotisations à des organismes de retraites ;

– ***la retraite*** au cours de laquelle il va pouvoir consommer grâce à son patrimoine accumulé antérieurement (S < 0). On est ici en phase de désépargne.

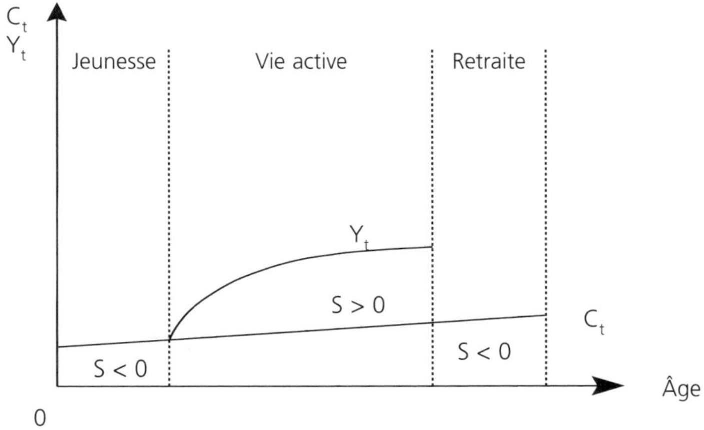

Figure 6 : *L'hypothèse du cycle de vie*

L'épargne dégagée pendant la vie active permet de rembourser les emprunts de la jeunesse et de financer les dépenses de la vieillesse. Cette épargne contribue à l'accumulation d'une richesse mobilière ou immobilière qui va stabiliser la consommation. Graphiquement la somme des aires algébriques d'épargne (S > 0 et S < 0) est nulle. Tout le revenu est en moyenne consacré à la consommation.

Un des principaux intérêts de cette théorie est de montrer une articulation entre une analyse microéconomique et une analyse macro-économique qui va permettre de résoudre les résultats contradictoires des études empiriques.

Au plan microéconomique, les propensions à consommer le revenu et la richesse dépendent des revenus et du patrimoine. ***Deux ménages disposant de revenus équivalents n'auront pas le même niveau de consommation si le montant de leur patrimoine est différent.***

Sur le court terme, le revenu courant n'influence que très faiblement la richesse. Celle-ci peut être considérée comme exogène par rapport au revenu. La fonction de consommation est de type affine. Elle peut s'écrire $C_t = c \cdot Y_t + b \cdot R_t$ où R_t représente la richesse accumulée et Y_t le revenu courant issu du travail.

La propension moyenne à consommer ($C/Y = c + b \cdot R/Y$) diminue lorsque le revenu augmente puisque R/Y baisse.

Pour une personne qui ne désire pas laisser d'héritage, l'accumulation de richesse est nulle ($R = 0$), toute augmentation du revenu sera intégralement consommée. La propension marginale à consommer est proche de un. La fonction de consommation est linéaire avec une pente proche de l'unité.

Au plan macro-économique, l'étude de la consommation agrégée implique de raisonner en termes de « générations imbriquées ». À un moment donné au sein d'une société cohabitent les trois générations : les jeunes, les actifs et les retraités. ***La consommation globale résulte des interactions de comportement de ces trois générations.*** Si la croissance économique et la croissance démographique sont constantes, l'épargne des actifs est investie sous forme de prêts aux jeunes et de rachats de biens patrimoniaux aux retraités. La désépargne des jeunes et des retraités est compensée par l'épargne des actifs. Le taux d'épargne est nul à tout moment et la propension à consommer est égale à un.

Un rajeunissement de la population entraîne une augmentation de la propension à consommer à travers l'apparition de besoins supplémentaires en termes de crédit à la consommation. Un allongement de la durée de vie provoquera une augmentation de la propension à épargner pour faire face à une retraite plus longue.

Le rôle des variables démographiques sur l'évolution de la propension à consommer apparaît ainsi fondamental. Les pays « jeunes » auraient une propension à consommer forte alors que les pays à population plus âgée auraient une propension forte à épargner.

À cette analyse keynésienne macro-économique de l'épargne qui en fait une fonction croissante du revenu, les classiques opposent une analyse qui repose sur des fondements micro-économiques et qui s'étudie en termes d'offre de fonds prêtables.

3 L'épargne chez les classiques

L'analyse classique de l'épargne est principalement due à Irving Fisher et repose sur des fondements microéconomiques.

Les classiques analysent l'épargne comme le moyen de transférer du pouvoir d'achat d'une période sur l'autre, du présent vers le futur. Ce transfert de ressources est possible et assuré par l'existence d'un marché des capitaux.

Les agents économiques ont, en matière de consommation, une préférence pour le présent par rapport au futur. Ils préfèrent une consommation immédiate à une consommation future d'un même montant que l'on explique par l'incertitude du lendemain. Mais ces mêmes agents sont prêts à renoncer à une consommation présente pour une consommation future plus élevée. Cette abstinence en matière de consommation représente une partie du revenu non dépensée, donc épargnée, qui peut être placée sur le marché des fonds prêtables à un certain taux d'intérêt. Le renoncement à la consommation présente est alors récompensé par une consommation future plus élevée du fait d'un intérêt positif. Plus le taux d'intérêt est élevé, plus il est intéressant de renoncer à une consommation présente contre une consommation future, donc plus l'épargne est importante. ***L'épargne est ainsi une fonction croissante du taux d'intérêt***. Ce dernier est exprimé en terme réel. On s'intéresse au pouvoir d'achat supplémentaire procuré par l'intérêt, ce qui marque une absence totale d'illusion monétaire. D'une manière simple, le taux d'intérêt réel se calcule en retranchant le taux d'inflation anticipé du taux d'intérêt nominal :

Taux d'intérêt réel = Taux d'intérêt nominal – taux d'inflation anticipée

Au plan macro-économique, cette épargne correspond à la capacité de financement des secteurs institutionnels. ***C'est une offre de fonds prêtables.***

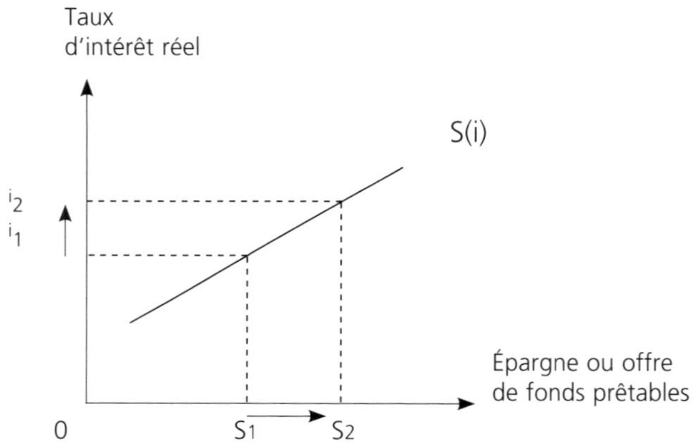

Figure 7 : *La fonction d'épargne classique*

L'épargne est chez les classiques une offre de fonds prêtables sur les marchés financiers qui augmente avec le taux d'intérêt réel. Elle n'est pas un résidu comme chez Keynes.

La fonction d'épargne prend par exemple la forme : S = 1 000i.

Si i = 5 %, alors S = 50.

Si i = 10 %, alors S = 100.

Que va devenir cette épargne au niveau d'une nation ? Elle va financer l'investissement.

L'investissement

Chapitre 4

Quels sont les critères qui fondent les décisions d'investissement des entreprises ? Pourquoi choisissent-elles d'investir dans des équipements plutôt que sur les marchés financiers ? Telles sont les questions traitées dans ce chapitre.

La notion d'investissement recouvre l'accumulation de biens de production, de produits finis, de biens durables mais peut également concerner l'accumulation d'actifs financiers. Lorsqu'elle concerne des biens immatériels tels que l'éducation et la santé, on parle d'investissement en capital humain.

Dans ce chapitre, l'investissement correspond à la notion de Formation Brute de Capital Fixe définie en comptabilité nationale. Elle représente les actifs corporels (machines, logements, bâtiments…) et les actifs incorporels (logiciels et grandes bases de données…) issus de différents processus de production et utilisés pendant une durée d'au moins un an dans le processus de production. C'est un flux d'achats de biens d'équipement qui au cours d'une période modifie le stock de capital productif déjà existant. Cette accumulation de capital est un élément central du processus de production car elle contribue à la croissance économique.

L'approche classique et l'approche keynésienne insistent toutes deux sur le rôle déterminant du taux d'intérêt sur l'investissement tandis que seule l'approche keynésienne fait apparaître le rôle de la demande anticipée dans la décision d'investir.

1 Le taux d'intérêt et la décision d'investir

L'analyse économique relie la valeur désirée de l'investissement au taux d'intérêt. Le taux d'intérêt est une variable clé dans la décision d'investir car l'investissement est gouverné par la rentabilité. On suppose que les entreprises ont pour objectif unique la maximisation de leur profit. La décision d'investir va dépendre de la comparaison entre la rentabilité de l'investissement en capital physique qui est envisagée et celle procurée par les marchés financiers.

Puisque le capital est un bien durable, la décision fait intervenir le temps. La dépense d'investissement est en général concentrée dans le temps alors que le rapport de l'investissement est étalé dans le temps. Une entreprise achète au cours d'une année une machine qui va produire et rapporter des revenus sur une longue période. Ceci conduit à l'utilisation de la technique de l'actualisation dans le calcul des critères de rentabilité.

Le principe de l'actualisation

Pour effectuer des opérations (soustractions, additions...) sur des variables qui interviennent à des périodes différentes, il est nécessaire de les ramener à une même période, de les actualiser. Le taux d'actualisation mesure la préférence pour le présent. ***À l'optimum économique, la théorie montre que le taux d'actualisation est égal au taux d'intérêt.***

a) La valeur présente d'une somme future

Elle se déduit de la valeur future d'une somme présente placée à un certain taux d'intérêt au cours d'une ou plusieurs périodes. Si l'on appelle :
– S_o la somme placée à la période 0 ;
– n le nombre de périodes de placement ;
– S_n la valeur de S_o à la période n ;
– i le taux d'intérêt du placement par période en % ;
on a, en utilisant la technique des intérêts composés :

$$S_n = S_o(1+i)^n$$

d'où l'on tire la valeur présente S_o de la somme future S_n :

$$S_o = \frac{S_n}{(1+i)^n} = S_n(1+i)^{-n}$$

Quelle somme doit-on placer à un taux d'intérêt annuel de 6 % pendant 3 ans pour obtenir 200 000 € à la fin des trois années ?

On cherche la valeur présente S_o d'une somme future S_n = 200 000, S_o ayant été placée à 6 % l'an pendant 3 ans. On a :

$$S_o = 200\,000 \times (1{,}06)^{-3} = 167\,923 \text{ €}$$

b) La valeur présente d'une suite de sommes futures

La valeur présente d'une suite de sommes futures est égale à la somme des valeurs futures actualisées.

La valeur présente P :
– d'une somme S_1 perçue dans un an ;
– d'une somme S_2 perçue dans deux ans ;
– .... ;
– d'une somme S_n perçue dans n ans ;
est, pour un taux d'actualisation i :

$$P = S_1 (1+i)^{-1} + S_2 (1+i)^{-2} + \dots + S_n (1+i)^{-n}$$

Si les futures sommes (S_1, S_2, ..., S_n) sont toutes constantes et chacune égale à S, on a :

$$P = S \cdot \left(\frac{1-(1+i)^{-n}}{i}\right)$$

Une fondation veut verser chaque année 10 000 € pour récompenser des travaux d'utilité environnementale. Quelle somme doit-elle déposer sur un compte bloqué rémunéré à 5 % l'an, un an avant le premier versement pour financer les prix pendant les dix années qui suivent sans avoir à rajouter d'argent ?
On cherche la valeur présente d'une suite de sommes futures constantes :

$$P = 10\,000 \left(\frac{1-(1{,}05)^{-10}}{0{,}05}\right) = 10\,000\,(7{,}7217) = 77\,217\text{ €}$$

La technique de l'actualisation suppose que les différentes sommes perçues dans le futur soient placées jusqu'à l'échéance finale au taux d'actualisation utilisé.
Cette technique est à la base de la détermination de critères de rentabilité d'un investissement.

Les critères de rentabilité de l'investissement

Les critères de choix d'investissement s'appuient sur le principe de l'actualisation et sur un échéancier de recettes nettes. Parmi les nombreux critères utilisés, deux sont fondamentaux : le critère de la valeur actualisée nette et celui du taux de rendement interne.

a) La valeur actualisée nette (VAN) ou bénéfice actualisé

Dans le critère de la VAN, le taux d'actualisation utilisé est le coût d'opportunité du capital. Le coût d'opportunité d'une ressource correspond à ce qu'elle rapporterait dans l'utilisation la plus rémunératrice parmi toutes les alternatives possibles. Le coût d'opportunité du capital traduit le manque à gagner d'un investisseur qui laisserait son capital inemployé au lieu de le faire fructifier. Si ce capital est sous forme monétaire et si la meilleure rémunération possible de ce capital est de le placer au taux d'intérêt i, le coût d'opportunité est égal au taux d'intérêt i.

Un projet d'investissement comprend en général :

– une dépense initiale à engager I_0 qui représente le coût présent d'acquisition et la mise en place des biens d'investissement ;

– des recettes d'exploitation anticipées (R_1, R_2, …, R_n) qui résultent de la vente des biens produits par cet investissement d'une durée de vie de n années ;

– des coûts d'exploitation prévus (C_1, C_2, …, C_n) liés au fonctionnement de l'outillage (main-d'œuvre, énergie, matières premières) au cours des n années.

Si le taux d'intérêt supposé constant sur les n périodes est i, la valeur actualisée VA des revenus attendus de l'investissement est :

$$VA = \frac{R_1 - C_1}{1 + i} + \frac{R_2 - C_2}{(1 + i)^2} + \ldots + \frac{R_n - C_n}{(1 + i)^n} = \sum_{t=1}^{n} \frac{R_t - C_t}{(1 + i)^t}$$

La valeur actualisée nette (VAN) ou bénéfice actualisé est la différence entre la VA et le coût initial de l'investissement soit :

$$\text{Bénéfice actualisé} = VAN = \frac{R_1 - C_1}{1 + i} + \frac{R_2 - C_2}{(1 + i)^2} + \ldots + \frac{R_n - C_n}{(1 + i)^n} - I_0$$

$$= \sum_{t=1}^{n} \frac{R_t - C_t}{(1 + i)^t} - I_0$$

La décision d'investir est justifiée si le bénéfice actualisé est positif. Entre deux projets substituables, le choix se portera sur celui qui a le plus fort bénéfice actualisé.

Si le bénéfice actualisé est négatif, alors le projet n'est pas rentable au taux d'actualisation retenu.

Le critère du bénéfice actualisé est applicable si l'entreprise dispose du montant de l'investissement ou si elle doit emprunter la totalité de ce montant.

b) Le taux de rendement interne (TRI) ou efficacité marginale du capital

Le taux de rendement interne r d'un projet est le taux d'actualisation pour lequel la valeur actualisée est égale au coût initial de l'investissement. Il a une signification économique très précise. Il représente le taux d'intérêt maximum que l'entreprise pourrait supporter si elle devait emprunter la totalité du capital nécessaire au financement de l'investissement.

C'est le taux d'actualisation pour lequel le bénéfice actualisé (la VAN) est nul. Ce taux de rendement interne r est tel que :

$$\text{Bénéfice actualisé} = \text{VAN} = \frac{R_1 - C_1}{1 + r} + \frac{R_2 - C_2}{(1 + r)^2} + \ldots + \frac{R_n - C_n}{(1 + r)^n} - I_0 = 0$$

$$\Leftrightarrow \sum_{t=1}^{n} \frac{R_t - C_t}{(1 + r)^t} = I_0$$

Le TRI est très facile à calculer si l'investissement n'est utilisé que sur une seule période. On a dans ce cas à résoudre une équation du premier degré.

Un investissement de 100 euros effectué en début d'année t = 0, procure au cours de cette période des recettes de 160 euros et engendre des coûts de 50 euros. En début d'année t = 1, il a une valeur résiduelle nulle et son TRI r est tel que :

$(160 - 50) / (1 + r) = 100 \rightarrow r = 10\%$.

Le problème se complique lorsque l'on a des revenus nets non constants qui s'étalent dans le futur. Par exemple, si l'on a des revenus nets futurs qui s'étalent sur 10 ans, il faut résoudre une équation du dixième degré.

Le problème devient plus simple lorsque les revenus nets futurs sont constants car il est alors possible d'utiliser la formule définie précédemment pour la détermination de la valeur présente d'une suite de revenus futurs constants. Une interpolation linéaire permet en général d'affiner la valeur du TRI.

Un investissement d'un montant de 1 000 € rapporte, sur 10 ans, des recettes annuelles nettes de 200 €. Quel est le TRI de cet investissement ?

On cherche r tel que :

$$1\ 000 = 200 \cdot \left(\frac{1 - (1 + r)^{-10}}{r} \right)$$

$$\Leftrightarrow \frac{1 - (1 + r)^{-10}}{r} = 5$$

Une table d'actualisation permet, pour une durée de 10 ans, d'encadrer la valeur trouvée. On a :

$5{,}0188 > 5 > 4{,}8332$

$15\ \% < r < 16\ \%$

La valeur de r s'obtient par interpolation linéaire :

$$r = \left(15 + \frac{5{,}0188 - 5}{5{,}0188 - 4{,}8332}\right)\ \% = 15{,}10\ \%$$

Cette analyse permet de tracer une relation décroissante entre la VAN et le taux d'actualisation i.

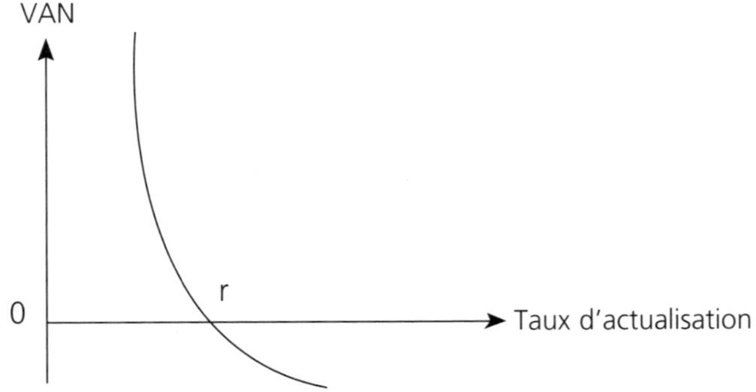

Figure 1 : *La VAN est une fonction décroissante du taux d'actualisation*

Plus le taux d'actualisation augmente, plus la VAN diminue. Celle-ci s'annule pour une valeur r du taux d'actualisation, r étant le TRI du projet. Pour un taux d'actualisation supérieur à r, la VAN est négative.

Entre deux projets d'investissement substituables, le choix s'effectue sur celui qui a le TRI le plus élevé.

Cette analyse conduit à une relation entre le taux d'intérêt et l'investissement.

■ *La relation taux d'intérêt-investissement*

La décision concernant un projet d'investissement consiste en une comparaison entre la rentabilité du projet et la rentabilité du marché financier.

On considère une entreprise qui envisage plusieurs projets d'investissement d'un montant respectif A, B, C, et D et classés par ordre décroissant de leur TRI. Le taux d'intérêt est i et le taux de rendement interne r. I désigne le montant des investissements. On a TRI de A > TRI de B > TRI de C > TRI de D.

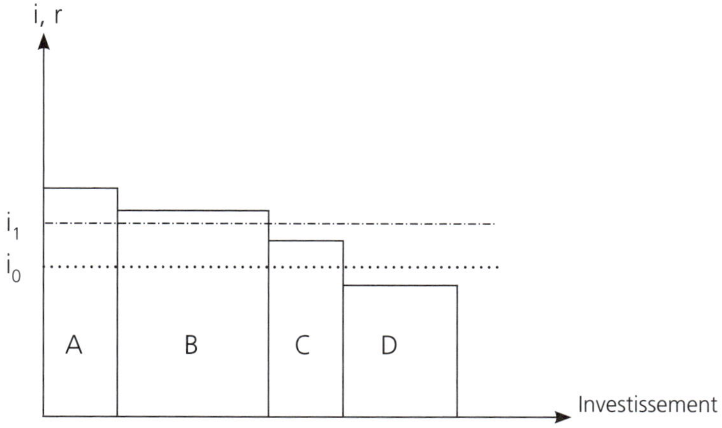

Figure 2 : *La fonction de demande d'investissement de la firme*

Si, sur les marchés financiers, le taux d'intérêt est fixé à i_1, alors les projets A et B sont rentables puisque leur TRI respectif est supérieur à i_1. L'entreprise réalisera un investissement total de A+B.

Si, sur les marchés financiers, le taux d'intérêt est fixé à i_0, alors les projets A, B et C sont rentables puisque leur TRI respectif est supérieur à i_0. L'entreprise réalisera un investissement total de A + B + C.

Si i désigne la rentabilité du marché financier (qui représente également le taux d'intérêt auquel l'investisseur peut emprunter) et r le TRI, alors la décision de l'entreprise est la suivante :

– si $r < i$, la rentabilité financière est supérieure à celle du projet d'investissement et ce dernier n'est pas entrepris ;
– si $r = i$, il y a indifférence entre investir dans le projet ou investir sur les marchés financiers puisqu'ils ont tous deux la même rentabilité ;
– si $r > i$, la rentabilité du projet est supérieure à celle des marchés financiers et celui-ci est réalisé.

Cette règle du TRI montre qu'un investissement est réalisé si sa rentabilité est supérieure à celle des marchés financiers. ***Ce TRI est appelé efficacité marginale du capital chez Keynes.***

Au niveau d'une entreprise, plus le taux d'intérêt est faible, plus il y a de projets rentables et plus le montant total de l'investissement sera élevé. Si l'on se place au niveau d'une économie, il y a des milliers de firmes qui ont toutes des projets d'investissement. Graphiquement, cela se traduit par des rectangles de plus en plus étroits et la courbe de demande d'investissement est continue.

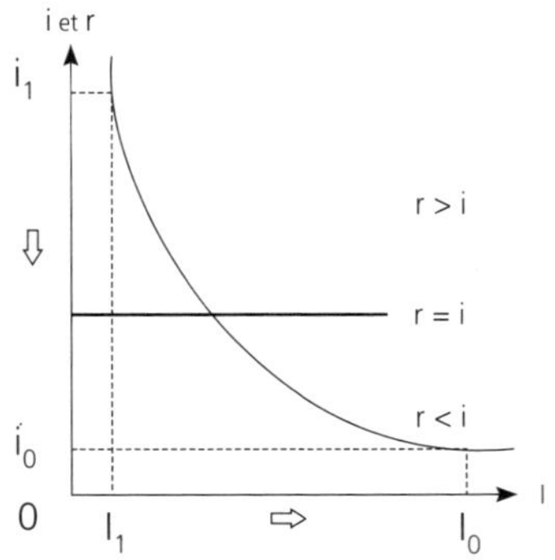

Figure 3 : *La fonction de demande d'investissement*

Cette courbe est appelée ***courbe d'efficacité marginale de l'investissement*** ou fonction de demande d'investissement.

L'investissement est ainsi une fonction décroissante du taux d'intérêt :

$I = f(i)$ avec $f'_i < 0$.

Avec $I = 200 - 50i$.

Si $i = 10$ %, alors $I = 195$.

Si $i = 2$ %, alors $I = 199$.

Lorsque le taux d'intérêt diminue, l'investissement augmente car il y a un plus grand nombre de projets rentables.

L'ampleur de cette relation va dépendre de l'élasticité de l'investissement par rapport au taux d'intérêt que l'on note $E_{I/i}$, qui indique le pourcentage de variation de l'investissement relatif au pourcentage de variation du taux d'intérêt.

$$E_{I/i} = \frac{\Delta I / I}{\Delta i / i} < 0$$

Sur la figure 3, si l'on se situe à proximité du taux d'intérêt i_1, l'élasticité est proche de moins zéro. Il faut une très forte variation du taux d'intérêt pour obtenir une variation significative de l'investissement. Si l'on se situe à proximité du taux d'intérêt i_0, l'élasticité est proche de moins l'infini. Une faible variation du taux d'intérêt permet d'obtenir une variation très significative de l'investissement.

L'investissement, dans l'analyse keynésienne, est également influencé par le niveau de la demande anticipée.

2 La relation revenu-investissement et le principe de l'accélérateur

Le taux d'intérêt n'est pas le seul déterminant de l'investissement. Le niveau du revenu exerce également chez les keynésiens une influence significative sur l'investissement. Les variations du revenu anticipé sont à la base du principe de l'accélérateur.

■ *L'influence du revenu global sur l'investissement*

Les anticipations ou prévisions des entrepreneurs exercent un rôle important dans la décision d'investir. Les chefs d'entreprises qui anticipent une augmentation de leurs ventes ou une augmentation du prix de leurs produits investissent plus volontiers que ceux qui ont une vision pessimiste de leur avenir.

Dans le plan (I, i), un tel comportement d'investissement se traduit par un déplacement parallèle de la courbe de demande d'investissement.

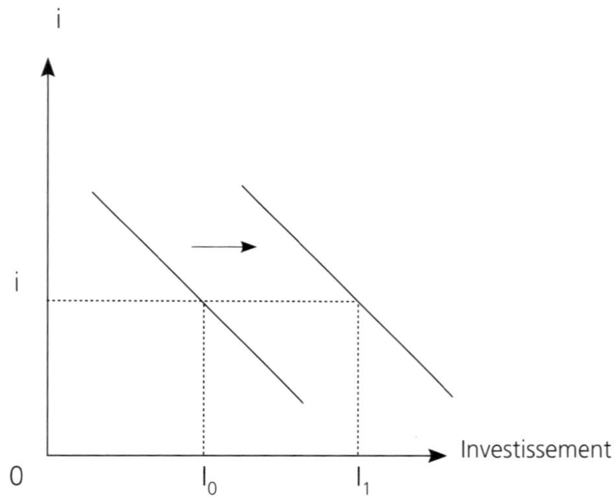

Figure 4 : *Une augmentation de l'investissement pour un taux d'intérêt constant*

Si le taux d'intérêt est fixé à un niveau i, une augmentation des débouchés futurs se traduit par un déplacement vers la droite de la courbe de demande d'investissement et fait apparaître un montant d'investissement $I_1 > I_0$.

En même temps, une amélioration des profits est le signe d'une bonne santé économique du pays qui appelle une expansion des capacités de production pour faire face à une augmentation de la demande.

Comme il existe une corrélation élevée entre le niveau des profits et celui du revenu national (Y), on écrit la fonction d'investissement :

$I = I(Y)$ avec $I'_y > 0$

L'investissement devient une fonction croissante du niveau du revenu national et l'on parle ***d'investissement induit par le niveau du revenu***. En notant I_j cet investissement, on peut écrire :

$I_j = j \cdot Y$ avec $0 < j < 1$

L'existence d'une relation positive entre le revenu et le niveau de l'investissement conduit à définir j comme la propension marginale à investir le revenu global.

Si Y = 1 000 et j = 0,2, alors $I_j = 200$.

Si parallèlement à cet investissement induit, il existe un investissement autonome c'est-à-dire un investissement indépendant du revenu Y que l'on note I_a, alors l'investissement total I_t est

$I_t = I_a + I_j = I_a + j\,.Y$

que l'on peut représenter graphiquement de la manière suivante :

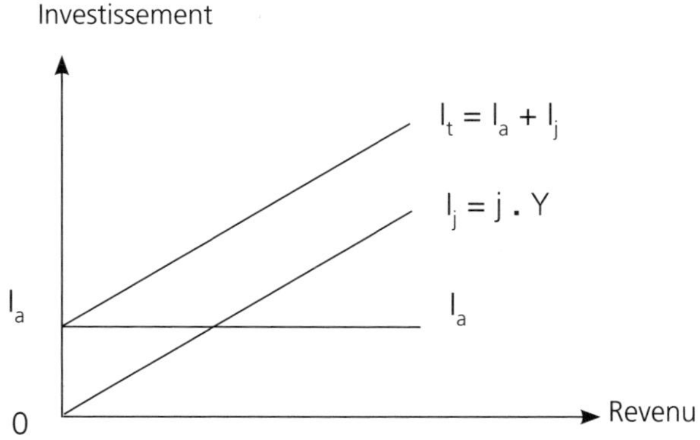

Figure 5 : *L'investissement autonome et l'investissement induit*

Si $I_a = 50$ et $I_j = 0{,}2Y$

On a : $I_t = I_a + I_j = 50 + 0{,}2Y$.

Si l'on considère à présent que l'investissement est à la fois une fonction décroissante du taux d'intérêt et croissante du revenu, la représentation graphique de cette double liaison conduit à la construction d'une famille de courbes de demande d'investissement dans le plan (I, i).

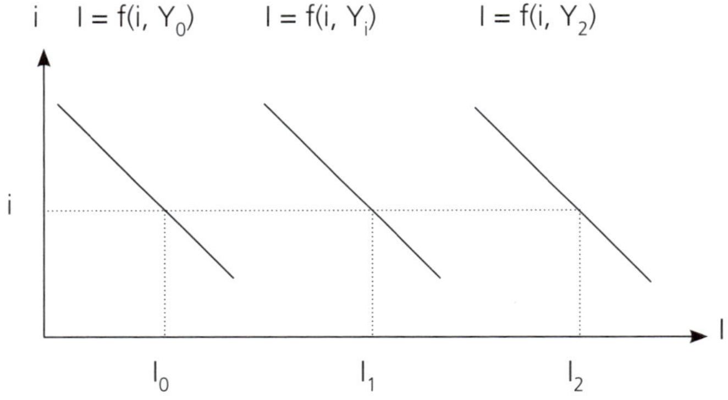

Figure 6 : *L'influence du revenu sur l'investissement*

Si le taux d'intérêt est fixé à un niveau i, le montant de l'investissement est :

– I_0 si le revenu est égal à Y_0 ;

– I_1 si le revenu est égal à Y_1 ;

– I_2 si le revenu est égal à Y_2 ;

avec $Y_0 < Y_1 < Y_2$.

Avec $I = 0{,}2Y - 50i$.

On a, pour i = 10 %, I = 195 si Y = 1 000, et I = 215 si Y = 1 100.

Si le niveau du revenu (Y) exerce une action significative sur l'investissement, les variations de celui-ci (ΔY) seraient à l'origine d'une variation de l'investissement que l'on analyse à travers le concept d'accélérateur.

■ L'influence des débouchés sur l'investissement : le principe d'accélération

La théorie de l'accélération insiste sur le rôle de la demande anticipée dans la décision d'investir à travers les variations de revenu. Elle analyse le lien de causalité entre les variations de la demande finale et les fluctuations de l'investissement. Une première relation préconise que le stock de capital s'ajuste immédiatement en fonction de la quantité à produire, c'est ***l'accélérateur rigide***.

Une deuxième relation permet d'assouplir cette relation en introduisant des délais d'ajustement du stock de capital, c'est ***l'accélérateur flexible.***

a) L'accélérateur rigide

Il montre que toute variation de la demande de biens de consommations (ΔC) entraîne une variation de la demande de biens de production, c'est-à-dire d'investissement.

L'analyse théorique

On définit l'investissement net (I_N) comme la différence entre l'investissement brut (I_B) et l'investissement de remplacement (I_R). Pour la période t on a :

$I_{Nt} = I_{Bt} - I_{Rt}$

L'investissement de remplacement correspond à l'investissement qu'il est nécessaire d'effectuer pour garder le stock de capital constant suite à son usure et à son obsolescence.

L'investissement net correspond à la variation du stock de capital (K) entre deux dates. Il comprend toutes les dépenses destinées à acquérir des biens d'équipement permettant d'augmenter la capacité de production et l'on a :

$I_{N(t+1)} = v \, . \, (K_{t+1} - K_t)$

L'accélérateur rigide repose sur l'hypothèse qu'il existe une relation simple entre le stock de capital et le niveau de la production.

On appelle coefficient moyen de capital (CMK) le rapport capital/produit (K/Y). Il définit le stock de capital qui est nécessaire à l'obtention de la production au cours de la période et est supposé constant :

$$CMK = \frac{K_t}{Y_t} = \frac{K_{t+1}}{Y_{t+1}} = \text{cste}$$

Le coefficient marginal de capital noté v, se définit comme le rapport de la variation du stock de capital (ΔK) induite par la modification de la production qui lui est associée (ΔY) et est supposé constant :

$$v = \frac{\Delta K}{\Delta Y} = \frac{K_{t+1} - K_t}{Y_{t+1} - Y_t} = \text{cste positive}$$

Cette dernière équation peut encore s'écrire d'après l'équation de la définition de l'investissement net :

$K_{t+1} - K_t = I_{N(t+1)} = v \cdot (Y_{t+1} - Y_t)$

On obtient ainsi une relation positive entre la variation anticipée du revenu et l'investissement net. En prévision d'un tel niveau futur d'augmentation de la demande, il faut prévoir un niveau de biens d'équipement K_{t+1}, et de ce fait prévoir un niveau d'investissement net $I_{N(t+1)}$. En effet, l'indice t + 1 signifie que les grandeurs sont anticipées car appréhendées depuis la période t.

Outre la constance du coefficient de capital, cette analyse repose sur un nombre important d'hypothèses simplificatrices :

- l'absence de stock de biens de consommation ;
- l'absence de capacité de production inutilisée. En effet, tout le stock de capital est censé être utilisé, il n'y a pas de capital oisif ;
- l'accélérateur suppose également que l'investissement autonome, I_a, indépendant du revenu est nul. Seul l'investissement net induit est ici appréhendé ;
- les prévisions sur le niveau de la demande sont certaines et l'offre s'adapte instantanément à la demande. On dit que la demande contraint l'offre ;
- les investissements décidés sont entièrement réalisés.

Ainsi, les variations de la demande finale déclenchent de façon mécanique des dépenses d'investissement car les entrepreneurs ajustent sans cesse leur stock de capital pour satisfaire cette demande.

Une représentation graphique

Si l'on fait l'hypothèse d'une absence d'investissement de remplacement, l'évolution d'un investissement induit par la demande finale peut être représentée par le graphique suivant :

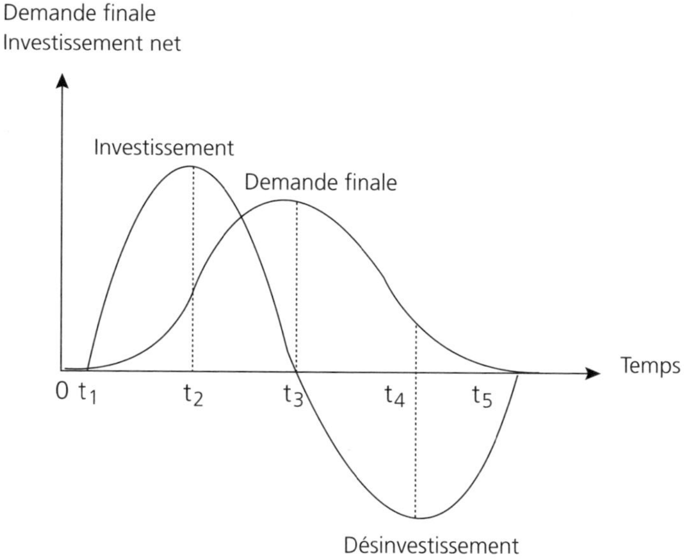

Figure 7 : *Le principe d'accélération*

La demande augmente à taux croissant entre t_1 et t_2, ce qui induit des investissements. Entre t_2 et t_3, la demande continue de progresser à un taux de croissance plus faible. Sur cette période, l'investissement reste positif mais diminue en valeur absolue. Au maximum de la demande, en t_3, l'investissement induit est nul et devient négatif dès que la demande finale commence à diminuer en valeur absolue. Sur ce graphique, la courbe d'investissement semble précéder la demande de biens. Ceci s'explique par le fait que l'investissement ne dépend pas de la valeur absolue de la demande mais du taux de croissance de cette dernière. On a un processus d'accélération qui trouve son origine dans les structures de la production. La production d'un bien fini suppose l'existence de biens d'équipement qui supposent à leur tour la fabrication d'autres biens d'équipement.

Entre t_3 et t_5, la demande finale commence à se réduire en valeur absolue, l'investissement diminue pour atteindre son minimum théorique en t_4 au second point d'inflexion de la demande finale. Il y a ici un phénomène de désinvestissement théorique. Mais ce dernier n'aura en réalité pas lieu, les entreprises conserveront leurs équipements sans les utiliser.

De nombreuses critiques ont été faites sur l'accélérateur simple et ont débouché sur le concept d'accélérateur flexible.

b) Les critiques de l'accélérateur fixe et l'accélérateur flexible

Les principales critiques faites à l'encontre de l'accélérateur fixe sont les suivantes.

Le fonctionnement de l'accélérateur fixe requiert que toutes les capacités de production soient utilisées. Si cette condition n'est pas vérifiée, les entreprises ne modifient pas leur équipement suite à une hausse de la demande de biens de consommation mais utilisent en priorité le capital oisif.

Le coefficient de capital doit être stable dans le temps, c'est-à-dire que l'investissement doit varier proportionnellement aux variations de la production. Or, en période de récession, les entreprises ne désinvestissent pas forcément et les baisses de la demande peuvent simplement conduire à ne pas effectuer d'investissement de remplacement. En période de hausse de la production, les entreprises n'augmentent pas forcément leur investissement si elles disposent de capacités de production inemployées.

L'effet d'accélération est variable selon les branches d'activité et il n'est pas facile de pouvoir agréger les différents coefficients de capital.

Enfin, les tests statistiques ont en général infirmé la valeur numérique de l'accélérateur qui serait très inférieure au coefficient de capital.

Ces critiques ont conduit à la prise en compte d'hypothèses nouvelles et à la formulation de l'accélérateur flexible.

L'accélérateur flexible repose sur l'hypothèse que les entreprises n'investissent pas la totalité de l'écart entre le capital nécessaire à la production (K_{Nt}) et le capital disponible hérité de la période précédente (K_{Dt-1}) mais seulement une fraction α :

$$I_{Nt} = \alpha \cdot (K_{Nt} - K_{Dt-1})$$

Avec la relation :

$$K_{Nt} = v \cdot Y_t$$

on peut écrire :

$$I_{Nt} = \alpha \cdot vY_t - \alpha \cdot K_{Dt-1}$$

où $\alpha \cdot v$ est l'accélérateur flexible.

Par rapport au mécanisme de l'accélérateur fixe, cette relation prend en considération le niveau de production et non plus sa variation, et introduit le stock de capital déjà existant dans l'entreprise. Plus le stock de capital existant est élevé, plus l'investissement net est faible. Le stock de capital existant vient ainsi freiner l'accélération de l'investissement. ***La fonction d'investissement est alors une fonction croissante de la production et décroissante du stock de capital***.

Ainsi, les keynésiens et les classiques sont d'accord pour dire que l'investissement est une fonction décroissante du taux d'intérêt. Mais les keynésiens vont plus loin en ajoutant l'idée que l'investissement est également influencé par le niveau anticipé des débouchés et aboutissent au principe de l'accélérateur.

Avec l'accélérateur, nous avons une relation qui s'exerce depuis le niveau du revenu vers celui de l'investissement. L'analyse keynésienne met également en évidence une relation qui s'exerce depuis le niveau de l'investissement en direction de celui du revenu à travers le principe du multiplicateur qui va faire l'objet du prochain chapitre.

Le multiplicateur d'investissement et l'équilibre économique

Le multiplicateur d'investissement est le mécanisme fondamental de l'économie keynésienne. Il a pour point de départ la fonction de consommation et montre à l'équilibre les modifications de revenu qui résultent de sa mise en œuvre.

Chapitre 5

Dans l'analyse keynésienne, nous avons vu que la consommation et l'épargne sont une fonction croissante du revenu respectivement par l'intermédiaire de la propension marginale à consommer et de la propension marginale à épargner. Dans une perspective macro-économique, cette fonction de consommation est à la base d'une relation entre les composantes de la dépense globale et le revenu global réel. Cette relation s'établit à travers le multiplicateur d'investissement qui sera présenté dans un premier point. Au niveau macro-économique, ce multiplicateur permet d'analyser et de comprendre différentes situations d'équilibre. Ceci fera l'objet d'un deuxième point.

1 Le multiplicateur d'investissement

D'une manière générale, le multiplicateur traduit l'effet d'une variation d'un élément autonome de la demande, par exemple un investissement supplémentaire autonome, sur le revenu.

Un des objectifs de l'analyse macro-économique est de déterminer le niveau d'activité auquel s'établit l'équilibre de l'offre et de la demande globales. On peut poser l'équation d'équilibre :

$Y = C + I$

dans laquelle Y est le produit ou revenu réel assimilé à l'offre globale, C la consommation et I l'investissement. Ils constituent les uniques composantes de la demande globale.

Si la fonction de consommation keynésienne est de type linéaire : $C = c.Y$ avec c représentant la propension marginale à consommer, l'équation d'équilibre s'écrit :

$Y = c.Y + I$

À partir de ces hypothèses, nous allons mettre en évidence le multiplicateur statique et le multiplicateur dynamique.

Le multiplicateur statique

L'analyse est effectuée en termes de statique comparative. « Statique » signifie que l'on n'examine pas les délais d'actions des forces économiques. « Comparative » signifie que l'on confronte deux situations qui se distinguent l'une de l'autre par la modification d'une variable exogène (ici l'investissement). Le multiplicateur va permettre de préciser l'effet d'un investissement additionnel ΔI sur le revenu global.

À l'équilibre, cet investissement supplémentaire ΔI entraîne une hausse du revenu global ΔY et l'on peut écrire :

$Y + \Delta Y = c \cdot (Y + \Delta Y) + I + \Delta I$

Si l'on retranche de cette équation celle de l'équilibre avant l'investissement supplémentaire il vient :

$$\Delta Y = \frac{1}{1 - c} \cdot \Delta I = \frac{1}{s} \cdot \Delta I$$

Si $c = 0{,}8$ alors $(1/s) = 5$. Une augmentation de l'investissement de 10 entraîne une augmentation du revenu de 50.

Cette équation montre que la variation du produit ou *revenu réel* est déterminée par la propension marginale à consommer et qu'elle est un multiple de la variation de l'investissement.

$1/(1\text{-}c)$ est strictement supérieur à 1 puisque $0 < c < 1$. La variation de l'investissement induit une variation plus que proportionnelle du revenu. On a un effet multiplicateur proportionnel à la propension marginale à consommer c et inversement proportionnel à la propension marginale à épargner s.

Le multiplicateur dynamique

L'analyse dynamique du multiplicateur suppose que l'on tienne compte du temps nécessaire à sa réalisation au cours des périodes successives. Elle permet de suivre le déroulement du processus depuis l'impulsion initiale de l'investissement supplémentaire jusqu'à l'amortissement total du phénomène.

Cette dynamique du multiplicateur peut être étudiée dans le cas d'un investissement additionnel unique dont on étudie la réaction en chaîne sur la consommation et le revenu.

Soit au niveau de la nation, un investissement supplémentaire unique d'un montant de 100 millions d'euros réalisé l'année 0 (ΔI_{t0}). Cette dépense peut correspondre à la réalisation d'une autoroute ou d'un barrage. Cet investissement supplémentaire va accroître d'autant le revenu de la même période (ΔY_{t0}). Ce revenu est distribué sous forme de rémunération des travailleurs impliqués dans le projet. Il sera dépensé à la période suivante, en t_1, et occasionnera une variation de consommation ΔC_{t1} = 80 millions d'euros compte tenu d'une propension marginale à consommer constante (c) arbitrairement fixée à 0,8. Il existe un décalage d'une période entre la perception du revenu et sa dépense au titre de la consommation.

Cette ΔC_{t1} accroît d'autant le revenu des agents économiques qui ont vendu les biens de consommation aux travailleurs et l'on a ΔY_{t1} = 80 millions €. Ce supplément de revenu va dans la période suivante être à son tour transformé en consommation dans une proportion qui dépend toujours de la propension marginale à consommer fixée à 0,8 et va entraîner une consommation supplémentaire ΔC_{t2} = 64 millions € représentant $c \cdot \Delta Y_{t1} = 0{,}8 \times 80$ millions €. Ce processus se poursuit les périodes suivantes donnant pour chacune d'entre elles naissance à un revenu supplémentaire positif mais de plus en plus faible qui entraînera à son tour une consommation supplémentaire également de moins en moins importante. À la fin du processus, la variation de revenu et la variation de consommation vont tendre vers zéro. On peut représenter ce processus dans le tableau qui suit.

Période (t)	ΔI_t	$\Delta C_t = c \cdot \Delta Y_{t-1}$	ΔY_t	$\Sigma \Delta Y_t$
0	100	0	100	100
1	0	80	80	180
2	0	64	64	244
3	0	51,2	51,2	295,2
…				
…				
n – 1	0	0	0	500
n	0	0	0	500

Lorsque toutes les périodes sont écoulées, c'est-à-dire lorsque cessent les effets de l'investissement supplémentaire initial, la somme cumulée des accroissements de revenus des différentes périodes est :

$$\Sigma \Delta Y_t = \Delta Y_0 + \Delta Y_1 + \Delta Y_2 + \Delta Y_3 + \ldots + \Delta Y_n$$
$$= 100 + 80 + 64 + 52{,}1 + \ldots$$

$= 100 + (0,8 \times 100) + (0,8 \times 80) + (0,8 \times 64) + \ldots$

$= 100 + (0,8 \times 100) + (0,8^2 \times 100) + (0,8^3 \times 100) + \ldots$

$= 100\ (1 + 0,8 + 0,8^2 + 0,8^3 + \ldots + 0,8^n)$

$= \Delta I_0\ [1 + c + c^2 + c^3 + \ldots + c^n]$

L'expression entre crochets est une progression géométrique dont le premier terme est 1 et la raison c est positive et inférieure à 1. La sommation sur un grand nombre de périodes n tend vers la valeur du multiplicateur statique :

$k = 1/(1 - c)$

On vérifie ainsi que :

$\Sigma \Delta Y_t \rightarrow \Delta I_0 \times 1/(1 - c)$

Avec les chiffres $500 = 100 \times (1/1 - 0,8)$

Un investissement supplémentaire initial de 100 conduit à une augmentation du revenu de 500, on a bien un effet multiplicateur. Le mécanisme du multiplicateur fonctionne aussi bien en expansion qu'en récession : une baisse de l'investissement se traduit par une baisse plus que proportionnelle du revenu.

Le multiplicateur met en évidence le rôle de l'épargne dans l'analyse keynésienne. La propension marginale à épargner joue ainsi un rôle de frein à l'effet multiplicateur. Plus s est important, plus la valeur du multiplicateur est faible car l'épargne est une fuite dans l'analyse de Keynes.

2 L'équilibre économique

Dans une ***optique comptable***, la valeur de l'offre globale est égale à celle de la demande globale puisque le montant des ventes qui mesure le niveau de l'offre est identique à celui des achats qui mesure le niveau de la demande. On a un ***équilibre ex post***.

Dans une ***optique économique***, la demande globale représente les intentions de dépenses en matière de consommation et d'investissement. L'offre globale correspond aux projets de production. L'équilibre est ***ex ante***.

Keynes définit ***la demande effective*** comme « *le montant des recettes attendues au point où la courbe de demande globale est coupée par celle de l'offre globale* ». La demande effective est la demande anticipée par les entreprises. À une époque déterminée, on a une demande de biens de consommation de la part des ménages et des administrations. Il existe également une demande de biens d'investissement de la part des entreprises privées et des administrations.

De plus, si l'économie est ouverte sur l'extérieur, il y a une demande de biens d'exportations. La somme de tous ces éléments constitue la demande effective qui s'appuie sur un pouvoir d'achat. C'est sur la base de cette demande effective que les entreprises vont déterminer la quantité à produire et la méthode de production qui permettront de maximiser leur espérance de profit. C'est sur cette demande effective que seront déterminés l'emploi et la distribution de revenus correspondant à la rémunération des facteurs de production.

Ces relations afférentes aux principales composantes de la demande servent à déterminer un équilibre *ex ante* sur le marché des biens et services dans un modèle revenu-dépense.

L'équilibre dans un modèle revenu-dépense

On considère une économie fermée sur l'extérieur dans laquelle aucune distinction n'est effectuée entre d'une part la consommation (C) et l'investissement (I) privés et, d'autre part, la consommation et l'investissement publics.

On a une situation d'équilibre économique si la demande globale (DG) et l'offre globale (OG) anticipées de biens et services sont égales. Si la totalité de la production est redistribuée sous forme de revenu, le revenu réel global (Y) est assimilé à l'offre globale et il vient :

$OG = DG$

$Y = C + I$

En courte période, une fonction de consommation keynésienne de type affine s'écrit :

$C = Ca + c \cdot Y$

où C représente la consommation de la période, Ca la consommation autonome, c'est-à-dire indépendante du revenu, c la propension marginale à consommer le revenu Y.

L'investissement est supposé fixé de façon autonome par rapport au niveau d'activité, et l'on a :

$I = Ia$

On établit une relation entre la dépense réelle totale effectuée dans l'économie par l'ensemble des agents et le niveau du produit global réel. Cette relation indique que dans une économie de marché où les producteurs répondent à la demande des acheteurs, le niveau auquel s'établit le produit national dépend de l'importance de la demande globale et l'on a :

$Y = C + I = Ca + c \cdot Y + Ia$

On a par exemple : $Y = 10 + 0{,}8Y + 50 \rightarrow Y = 60 + 0{,}8Y$

L'équilibre entre l'offre et la demande globales sur le marché des biens et services peut être visualisé sur la figure ci-après.

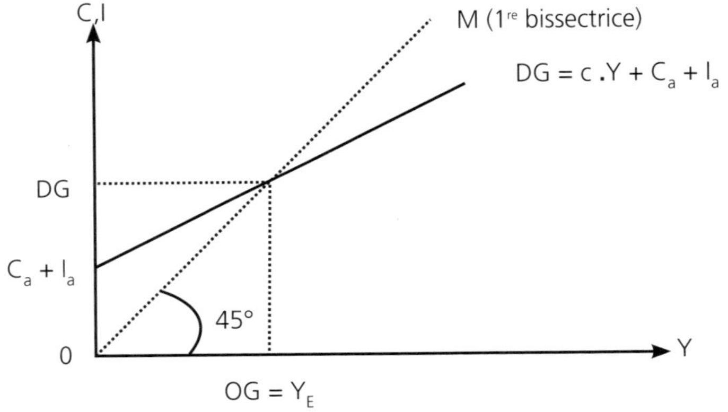

Figure 1 : L'équilibre entre l'offre globale et la demande globale

Le produit national offert sur le marché est équivalent au revenu représenté en abscisse.
La droite à 45° est l'ensemble des points tels que l'offre globale soit égale à la demande globale. Cet équilibre est équivalent à un équilibre de l'épargne et de l'investissement.

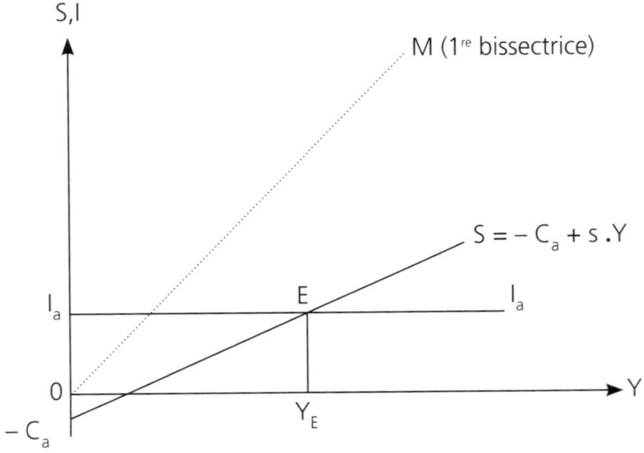

Figure 2 : L'équilibre de l'épargne et de l'investissement

La droite d'épargne $S = -C_a + s.Y$ coupe la droite d'investissement I_a au point E et correspond au revenu d'équilibre de l'offre et de la demande globales (Y_E).

L'égalité *ex post* entre l'épargne et l'investissement est obtenue chez les keynésiens par le mécanisme du multiplicateur. Ce dernier transforme l'investissement supplémentaire en une augmentation plus forte du revenu qui va à son tour engendrer une augmentation de l'épargne. Si l'on prend l'exemple étudié précédemment, on voit que l'accroissement initial d'investissement supplémentaire ($\Delta I = 100$) entraîne une augmentation du revenu plus que proportionnelle ($\Delta Y = 500$) et une augmentation de l'épargne ($\Delta S = 100$) de même valeur puisque la propension marginale à épargner est de 0,2 (la propension marginale à consommer étant de 0,8).

Dans la théorie keynésienne, c'est la dépense d'investissement qui crée, par le jeu du multiplicateur, une épargne d'un montant identique. L'égalité de l'épargne et de l'investissement est à la fois le reflet d'une identité comptable ($I = S$ car $Y = C + I$ et $Y = C + S$) et la conséquence du fonctionnement du circuit économique.

■ *L'équilibre et l'effet multiplicateur*

À partir de l'équation d'équilibre entre l'offre et la demande globale :

$$Y = Ca + c.Y + Ia$$

on peut regrouper d'un même côté les termes en Y :

$$Y(1 - c) = Ca + Ia$$

$$Y = \frac{1}{1 - c}(Ca + Ia)$$

Avec $Y = 10 + 0{,}8Y + 50$, on a : $Y = 5(10 + 50) = 300$.

Cette équation montre que le produit réel Y est déterminé par la propension marginale à consommer (c), par la consommation et l'investissement autonomes (Ca et Ia). Elle se présente sous la forme d'une fonction linéaire ($Y = k . X$) dans laquelle $k = \frac{1}{1 - c}$ est une constante telle que $0 < c < 1$, et $X = Ca + Ia$ est une variable indépendante du revenu réel Y.

Toute modification de la valeur prise par la consommation autonome ou par l'investissement autonome entraînera, à l'équilibre, une modification du produit ou revenu réel. La variation de Y (ΔY) sera plus importante que celle de la variable autonome (ΔC_a ou ΔI_a) car $\frac{1}{1-c} > 0$ puisque $0 < c < 1$.

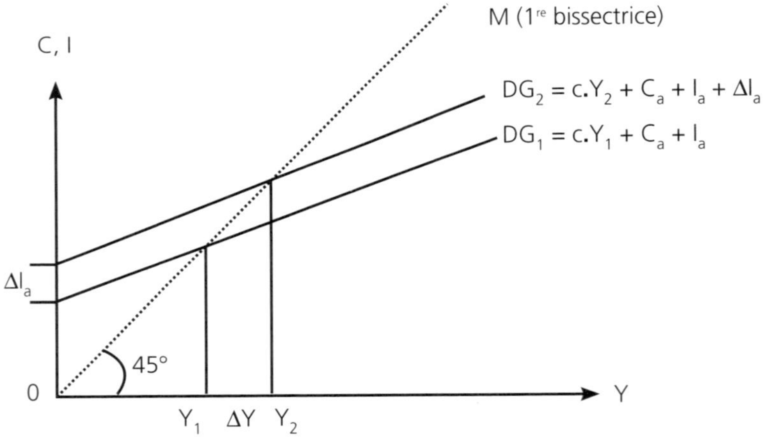

***Figure 3** : L'équilibre offre globale-demande globale et l'effet multiplicateur*

La fonction de consommation est affine ($C = C_a + c.Y_1$), l'investissement (I_a) est autonome par rapport au revenu, si bien que la demande globale (DG_1) avant toute modification de l'investissement s'écrit :

$DG_1 = c\,.Y_1 + C_a + I_a$

L'offre globale de départ est OG_1 et correspond à un niveau de revenu Y_1.

L'équilibre initial est tel que $OG_1 = DG_1$ c'est-à-dire :

$Y_1 = c\,.Y_1 + C_a + I_a$

Suite à la modification de l'investissement autonome qui augmente d'un montant ΔI_a, un nouvel équilibre s'établit entre l'offre globale (OG_2) et la demande globale (DG_2) tel que :

$Y_2 = C_a + c\,.Y_2 + I_a + \Delta I_a$

La modification de revenu ($\Delta Y = Y_2 - Y_1$) qui résulte de la variation initiale de l'investissement autonome est égale à :

$\Delta Y = Y_2 - Y_1 = C_a + c \cdot Y_2 + I_a + \Delta I_a - (C_a + c \cdot Y_1 + I_a)$
$= c \cdot (Y_2 - Y_1) + \Delta I_a = c \cdot \Delta Y + \Delta I_a$

ce qui entraîne :

$\Delta Y = \Delta I_a \cdot (1 / (1 - c))$

Si $\Delta I_a = 10$ et $c = 0{,}8$ alors $\Delta Y = 5 \times 10 = 50$.

L'accroissement initial de l'investissement autonome (ΔI_a) entraîne une augmentation plus que proportionnelle du revenu national (ΔY). Mais cet équilibre macro-économique peut être un équilibre de sous-emploi.

■ *L'équilibre de sous-emploi et l'écart déflationniste*

Un équilibre de sous-emploi caractérise une situation d'équilibre entre l'offre globale et la demande globale sur le marché des biens et services associée à une situation de sous-emploi, c'est-à-dire de chômage involontaire.

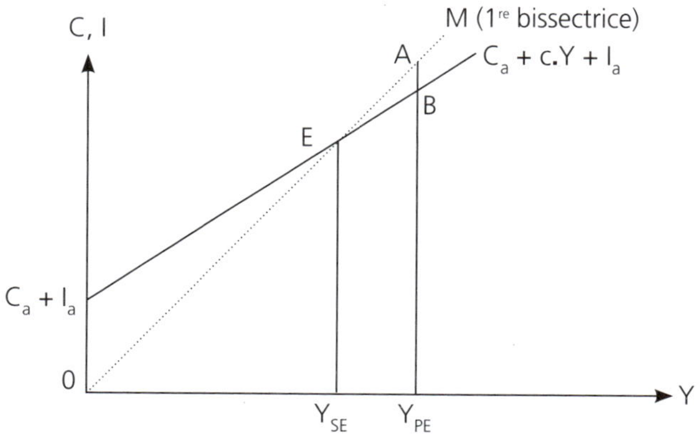

Figure 4 *: L'équilibre de sous-emploi et l'écart déflationniste*

Au point E, on a un revenu d'équilibre de sous-emploi (Y_{SE}). Il est inférieur à celui qui assurerait le plein emploi des travailleurs (Y_{PE}) et donne naissance à un ***écart déflationniste***. Cet écart est mesuré par la distance AB qui sépare la demande projetée de la demande qui serait nécessaire pour qu'il y ait un revenu de plein emploi. Il représente la quantité dont il faudrait majorer la demande globale pour obtenir le plein emploi.

Ceci peut s'analyser en terme d'épargne et d'investissement.

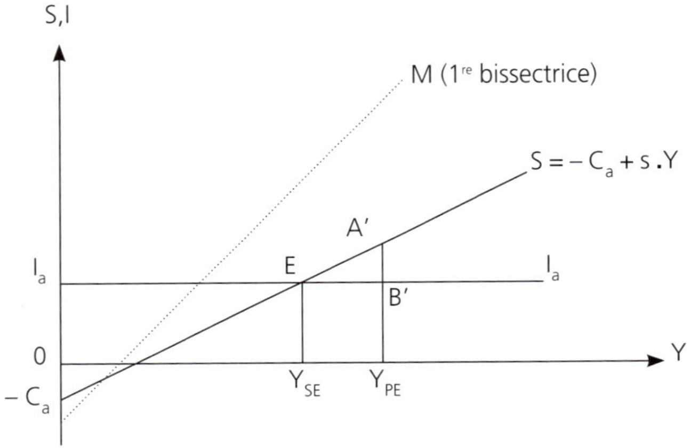

Figure 5 : L'équilibre épargne-investissement et l'écart déflationniste

La droite d'épargne $S = -C_a + s.Y$ coupe la droite d'investissement I_a au point E et correspond à un revenu d'équilibre de l'offre et de la demande globales (Y_{SE}).
L'écart déflationniste s'analyse au niveau du segment [A'B'] et montre un niveau d'épargne supérieur à celui de l'investissement. Cet écart ne peut se résorber que par une augmentation de l'investissement ou une diminution de l'épargne.

■ *L'équilibre inflationniste*

Cette situation d'équilibre s'analyse par un excès de demande par rapport à la capacité d'offre maximale qui peut être atteinte par le système productif. S'il y a plein emploi des facteurs de production, les entreprises ne peuvent pas satisfaire un niveau de demande supérieur à celui de leur production. Toute demande excédentaire par rapport à l'offre ne va pas entraîner une augmentation du revenu en termes réels, mais une augmentation en termes monétaires et donc de l'inflation.

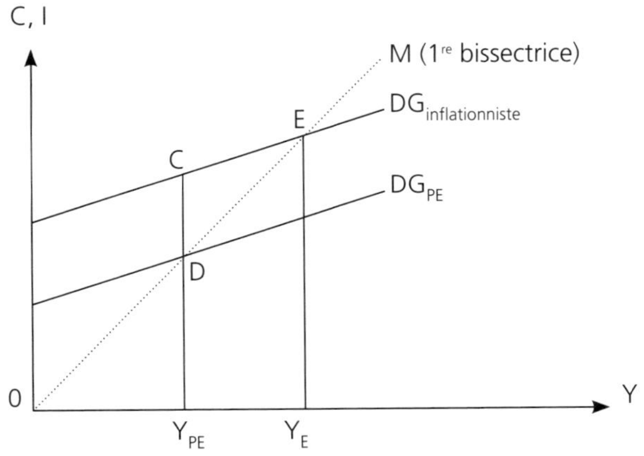

Figure 6 : *L'équilibre offre globale-demande globale et l'écart inflationniste*

L'équilibre de plein emploi est réalisé au point D où la demande globale (DG_{PE}) correspond à l'offre globale (Y_{PE}). Une augmentation de la demande globale de DG_{PE} à $DG_{inflationniste}$ conduit à un nouvel équilibre E qui ne peut être atteint sans inflation. Toutes les capacités de production sont utilisées, l'excès de demande va entraîner une augmentation du niveau général des prix. Le segment [CD] correspond à un écart inflationniste qui représente la différence entre les dépenses projetées et l'offre maximale disponible. Il peut s'analyser en terme d'épargne et d'investissement :

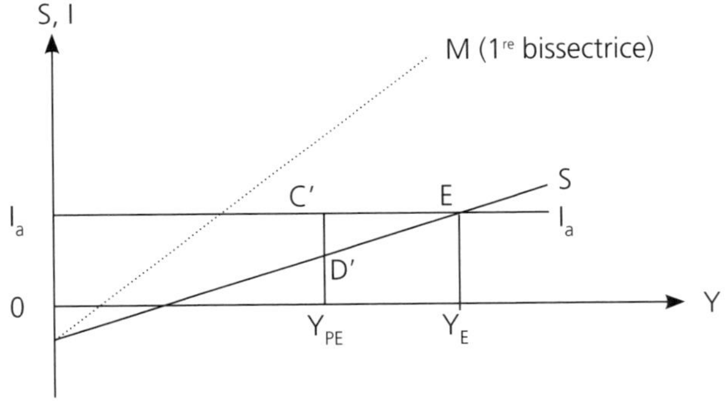

Figure 7 : *L'équilibre épargne-investissement et l'écart inflationniste*

La droite d'épargne S coupe la droite d'investissement I_a au point E et correspond à un revenu d'équilibre Y_E supérieur à celui du plein emploi Y_{PE}.
L'écart inflationniste s'analyse au niveau du segment [C'D'] et montre un niveau d'investissement supérieur à celui de l'épargne. Cet écart inflationniste ne peut se résorber que par une diminution de l'investissement ou une augmentation de l'épargne

■ *L'équilibre du marché des fonds prêtables chez les classiques*

On rappelle que chez les classiques l'investissement est une fonction décroissante du taux d'intérêt réel alors que l'épargne est une fonction croissante de celui-ci. L'épargne est une offre de fonds prêtables de la part des agents économiques qui ont une capacité de financement alors que l'investissement correspond à une demande de fonds prêtables de la part des agents qui ont un besoin de financement. Les investisseurs et les épargnants se rencontrent par l'intermédiaire des agents financiers.

En rappelant que le taux d'intérêt réel est le prix d'usage du capital, l'équilibre du marché des fonds prêtables peut être représenté graphiquement :

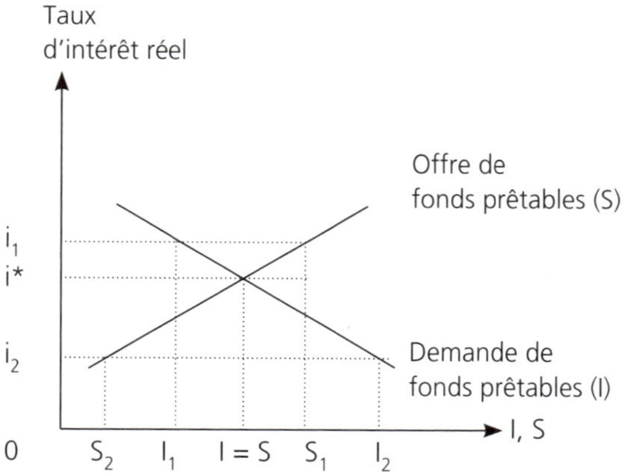

***Figure 8 :** L'équilibre de l'épargne et de l'investissement*

L'équilibre de l'épargne et de l'investissement se réalise grâce aux ajustements du taux d'intérêt réel.

Si la fonction d'épargne est S = 1 000i, et si la fonction d'investissement est I = 400 – 3 000i, alors le taux d'intérêt d'équilibre est : 1 000i = 400 – 3 000i ➔ i = 10 %. La quantité échangée de fonds prêtables est I = S = 100.

Pour un taux d'intérêt i_1 supérieur au taux d'équilibre i*, la quantité de fonds prêtables offerte est trop abondante par rapport à la demande ($S_1 > I_1$). Tous les épargnants n'arrivent pas à placer leur capacité de financement et sont obligés d'accepter une baisse de la rémunération de l'épargne. Le taux d'intérêt doit alors baisser. À mesure que cette baisse a lieu, l'offre de fonds diminue et la demande augmente car de nouveaux investissements deviennent rentables. Ce processus se poursuit jusqu'à un niveau i* du taux d'intérêt réel.

Inversement, pour un taux d'intérêt i_2, les besoins de financement des investisseurs I_2 dépassent les capacités de financement des épargnants S_2. Les premiers devront accepter une hausse du taux d'intérêt, ce qui éliminera certains projets d'investissement et augmentera l'offre de fonds prêtables.

L'ajustement du marché des fonds prêtables, de l'épargne et de l'investissement, se fait par des variations d'un prix, le taux d'intérêt réel, qui est parfaitement flexible à la hausse comme à la baisse.

Le concept keynésien de multiplicateur d'investissement a une portée cruciale en termes de politique économique. C'est sur lui que sont basées toutes les politiques macro-économiques d'inspiration keynésienne, en particulier les politiques budgétaires, fiscales et sociales que nous allons voir à présent.

La politique budgétaire, sociale et fiscale

Chapitre 6

L'analyse keynésienne montre que les marchés ne tendent pas spontanément vers des équilibres satisfaisants. L'État peut corriger les déséquilibres qui apparaissent sur certains marchés avec une politique macro-économique appropriée d'origine budgétaire, sociale ou fiscale.

Avant la révolution keynésienne, la politique économique était confinée au maintien de la concurrence pure et parfaite. Avec la perspective selon laquelle l'économie ne tendrait pas de manière spontanée vers des équilibres satisfaisants, Keynes allait donner à la politique économique toutes ses lettres de noblesse.

La politique économique est formée par l'ensemble des décisions budgétaires, sociales et fiscales des pouvoirs publics en vue d'orienter l'activité économique dans un sens jugé souhaitable et conforme aux intérêts de la nation. Elle n'entend pas se substituer aux décisions privées, mais elle souhaite les orienter *ex ante* en leur offrant un système d'information, d'incitation, à la limite d'interdiction, de telle sorte que le résultat de leur conjonction apparaisse *ex post* favorable.

Nous présenterons tout d'abord les fondements des politiques budgétaires, sociales et fiscales, ensuite les multiplicateurs associés à ces politiques et enfin, les limites.

1 Les fondements et les hypothèses de l'analyse

Les fondements de l'analyse

Pour Keynes et les keynésiens, l'État se doit d'assumer des objectifs de croissance et de plein emploi dans une économie de marché qui n'arrive pas à les réaliser d'elle-même. La politique économique est conçue comme un instrument de stabilisation de l'économie, de régulation de la conjoncture et en particulier de résorption du chômage. Elle s'appuie sur le concept de multiplicateur d'investissement.

La démarche de Keynes se situe dans une optique de court terme. De ce fait, le stock de capital de l'économie n'a pas le temps de se modifier et est supposé constant. Cette hypothèse ne signifie pas que l'investissement net soit nul mais seulement que l'investissement considéré est générateur de revenu. L'investissement n'a donc pas d'influence sur l'accroissement du potentiel productif.

On s'intéresse au problème de l'équilibre économique qui est celui de la période considérée. La notion d'investissement induit par la demande n'apparaît pas dans la théorie de l'équilibre macro-économique keynésien de courte période. C'est une analyse statique basée sur le principe de la demande effective. En agissant sur les composantes de la demande qui sont à sa disposition, l'État peut retrouver une situation plus favorable en terme d'emploi. On peut visualiser une action sur la demande en combinant le diagramme à 45° et une fonction de production de courte période Y = F (K, L).

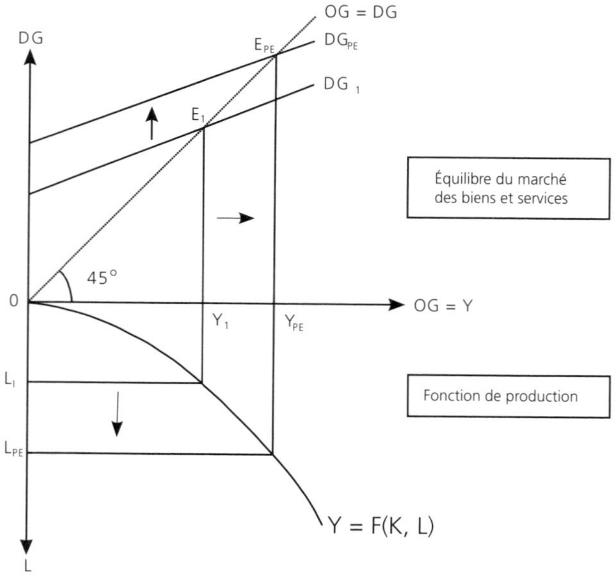

Figure 1 : *De l'équilibre de sous-emploi vers l'équilibre de plein-emploi*

On part d'une situation d'équilibre sur le marché des biens et services. L'offre globale est égale à la demande globale au point E_1. Le revenu d'équilibre Y_1 est aussi le niveau du produit et requiert un niveau d'emploi L_1 pour une quantité constante de capital. Ce niveau d'emploi est inférieur à celui de plein emploi L_{PE} et le niveau de revenu Y_1 est inférieur au niveau de revenu de plein emploi Y_{PE}.

Dans l'analyse keynésienne, la demande contraint l'offre, c'est-à-dire que l'offre s'adapte aux variations de la demande. Une possibilité pour atteindre le plein emploi consiste à agir sur l'économie en modifiant la demande effective. Si la demande effective augmente de DG_1 à DG_{PE}, l'équilibre entre l'offre et la demande globale est réalisé pour un niveau de revenu proche de Y_{PE} qui nécessite une quantité de travail proche du plein emploi L_{PE}. Cette augmentation de la demande effective contribue à réduire le chômage.

■ *Les hypothèses de l'analyse*

Nous allons mettre en évidence les multiplicateurs keynésiens liés à trois politiques (budgétaire, fiscale et de transferts sociaux) sous les hypothèses suivantes :

- l'économie est fermée et comprend trois secteurs : les ménages, les entreprises et l'État ;
- les prix des biens et services sont stables ;
- seul le marché des biens et services est analysé à son niveau macro-économique ;
- l'intégralité du produit est redistribuée sous forme de revenu.

En appelant :

- Y le produit ou revenu global ;
- C la consommation des ménages qui est une fonction de type affine que l'on peut écrire $C = C_a + c.Y$ où c représente la propension marginale à consommer et C_a la consommation autonome ;
- I_a l'investissement des entreprises considéré comme autonome par rapport au revenu ;
- G_a la consommation et l'investissement publiques autonomes par rapport au revenu. L'égalité entre la demande globale (DG) et l'offre globale (OG) égale au revenu (Y) s'écrit : $OG = DG \Leftrightarrow Y = C + I_a + G_a$

Pour financer des dépenses publiques de consommation et d'investissement, l'État par le biais des administrations prélève sur le revenu des ménages des impôts autonomes T_a. Ces ménages reçoivent en contrepartie des transferts sociaux autonomes F_a de la part des administrations publiques.

L'influence de ces impôts et de ces transferts sociaux s'appréhende au niveau de la fonction de consommation des ménages. Cette dernière va dépendre de leur revenu disponible (Y_d), c'est-à-dire du revenu dont ils disposent après avoir payé les impôts et reçu les transferts. La fonction de consommation affine s'écrit :

$C = C_a + c \cdot Y_d$

avec $Y_d = Y - T_a + F_a$

L'équilibre initial entre l'offre et la demande globales sur le marché des biens et services s'écrit à présent :

$$Y = C_a + c \cdot (Y - T_a + F_a) + I_a + G_a$$

$$\Leftrightarrow Y = \frac{1}{1-c}(C_a - c \cdot T_a + c \cdot F_a + Ia + G_a)$$

L'État peut agir de manière délibérée ou discrétionnaire sur trois variables pour réguler la conjoncture économique : les dépenses publiques, les transferts publics et les impôts.

2 Les multiplicateurs de la politique budgétaire, sociale et fiscale

■ *L'action par les dépenses publiques*

On suppose que, *ceteris paribus,* l'État décide d'augmenter les dépenses publiques autonomes d'un montant ΔG_a. Les dépenses publiques sont un élément de la demande globale au même titre que la consommation ou l'investissement privés. La variation de ces dépenses publiques va avoir le même effet multiplicateur que celui que nous avons décrit dans le chapitre consacré à ce sujet. Les dépenses supplémentaires augmentent directement la production. Cette dernière est transformée en revenu dont une partie est dépensée au titre de la consommation et engendre à son tour de nouveaux revenus qui seront eux mêmes dépensés. Un processus multiplicateur est enclenché. À la fin du processus, un nouvel équilibre du marché des biens et services s'établira et prendra en considération l'impulsion initiale de la variation des dépenses publiques autonomes ΔG_a ainsi que la variation totale de revenu qui en découle ΔY.

L'équation d'équilibre final s'écrit ainsi :

$$Y + \Delta Y = C_a + c \cdot (Y + \Delta Y - T_a + F_a) + I_a + G_a + \Delta G_a$$

La variation de revenu ΔY qui découle de cette politique s'obtient en retranchant l'équation d'équilibre initial de l'équation d'équilibre final et l'on a :

$$\Delta Y = \frac{1}{1-c} \cdot \Delta G_a$$

1/(1 – c) est le multiplicateur des dépenses publiques. Il indique qu'une variation initiale des dépenses publiques ΔG_a entraîne une variation du revenu d'équilibre ΔY plus que proportionnelle puisque $1/(1 - c) > 1$. Une baisse des dépenses publiques autonomes entraîne une baisse plus que proportionnelle du revenu d'équilibre.

L'action par les transferts sociaux

À la différence des dépenses publiques, les transferts publics n'ont pas d'effet direct sur la production. Ce n'est pas un achat de biens et services de la part de l'État mais une distribution de revenu au profit des ménages. Ces derniers reçoivent un complément de revenu et vont en dépenser une partie à des fins de consommation.

On suppose ainsi que, *ceteris paribus*, les ménages reçoivent de la part des administrations publiques des transferts supplémentaires autonomes d'un montant ΔF_a. Il s'ensuit un effet multiplicateur et l'équilibre final vérifie l'égalité :

$$Y + \Delta Y = C_a + c \cdot (Y + \Delta Y - T_a + F_a + \Delta F_a) + I_a + G_a$$

La variation de revenu ΔY qui découle de cette politique s'obtient en retranchant l'équation d'équilibre initial de l'équation d'équilibre final et l'on a :

$$\Delta Y = \frac{c}{1 - c} \cdot \Delta F_a$$

$c/(1 - c)$ est le multiplicateur des transferts publics.

Bien que ce multiplicateur soit également positif, il est inférieur au multiplicateur des dépenses publiques car les ménages ne consomment pas l'intégralité des transferts qu'ils reçoivent des administrations du fait de l'existence d'une propension marginale à épargner non nulle. On a :

$$c / (1 - c) < 1 / (1 - c)$$

Une baisse des transferts publics autonomes entraîne une baisse plus que proportionnelle du revenu déquilibre.

L'action par les recettes fiscales

Les pouvoirs publics ont également une possibilité d'action sur le revenu d'équilibre en modifiant les impôts des ménages. Une variation des impôts a des conséquences sur la consommation via le revenu disponible et en fin de compte sur le revenu d'équilibre de l'économie. Dans l'hypothèse d'une variation des impôts autonomes ΔT_a, on obtient avec la procédure utilisée précédemment :

$$\Delta Y = \frac{-c}{1 - c} \cdot \Delta T_a$$

Un signe « – » apparaît devant la propension marginale à consommer du numérateur. Cela traduit le fait que les variations de l'impôt et celles du revenu varient en sens inverse. Il faut alors une baisse des impôts pour obtenir une élévation du revenu d'équilibre. La baisse des impôts induit une augmentation du revenu disponible des ménages qui sera dépensé et entraînera un effet expansionniste du revenu. Une hausse impôts autonomes entraîne une baisse plus que proportionnelle du revenu d'équilibre.

On peut remarquer qu'une augmentation des dépenses publiques est plus efficace en terme de croissance du revenu que celle associée à une diminution des impôts car (1 / 1 – c) > (c / 1 – c). Cela s'explique par le fait que la baisse des impôts ne va pas totalement être dépensée au titre de la consommation du fait de l'existence de la propension marginale à épargner.

■ *L'action d'un budget équilibré et le théorème de Haavelmo*

En fait le gouvernement peut augmenter les dépenses publiques en les finançant par une augmentation des impôts afin de maintenir un équilibre budgétaire. La combinaison de ces deux effets n'est pas neutre sur le revenu. Le multiplicateur associé à une augmentation des dépenses publiques est 1 / 1 – c. Le multiplicateur associé à une augmentation des impôts autonomes est – c / 1 – c. La variation de revenu qui résulte de ces deux politiques s'écrit :

$$\Delta Y = \frac{1}{1-c} \cdot \Delta G_a - \frac{c}{1-c} \cdot \Delta T_a$$

Si l'augmentation des dépenses publiques est entièrement financée par une augmentation des impôts alors $\Delta G_a = \Delta T_a$.

En remplaçant ΔT_a par ΔG_a dans l'équation précédente on obtient :

$$\Delta Y = \frac{1-c}{1-c} \cdot \Delta G_a$$

Cette expression montre que le multiplicateur d'un budget équilibré est égal à 1.

Un budget équilibré n'est pas neutre. Il exerce un effet stimulant sur le revenu d'équilibre. Cette non-neutralité d'un budget équilibré est connue sous le nom de ***théorème de Haavelmo***, économiste norvégien qui l'a mis en évidence.

Une application des différents multiplicateurs est la suivante.

La fonction de consommation des ménages est : $C = 0{,}8Y_d + 100$ où $c = 0{,}8$.

Les impôts autonomes sont : $T_a = 50$.

Les transferts autonomes sont : $F_a = 20$.

De ces 3 hypothèses, on obtient le revenu disponible des ménages après impôts et transferts sociaux : $Y_d = Y - 50 + 20$.

La fonction de consommation des ménages devient : $C = 0{,}8(Y - 50 + 20) + 100$
$= 0{,}8(Y - 30) + 100 = 0{,}8Y - 24 + 100 = 0{,}8Y + 76$.

L'investissement autonome des entreprises est $I_a = 24$.

Les dépenses publiques autonomes sont $G_a = 100$.

L'équilibre OG = DG sur le marché des biens et services est :

$Y = 0{,}8Y + 76 + 24 + 100 \rightarrow 0{,}2Y = 200 \rightarrow Y = 1\,000$.

Le revenu d'équilibre est Y = 1 000.

Si les dépenses publiques augmentent de 10 ($\Delta G_a = 10$), le revenu d'équilibre augmente de $\Delta Y = (1/1 - 0{,}8).10 = 5 \times 10 = 50$. Il passe de 1 000 à 1 050.

Si les transferts sociaux augmentent de 10 ($\Delta F_a = 10$), le revenu d'équilibre augmente de $\Delta Y = (0{,}8/1 - 0{,}8).10 = 4 \times 10 = 40$. Il passe de 1 000 à 1 040.

Si les impôts augmentent de 10 ($\Delta T_a = 10$), le revenu d'équilibre varie de $\Delta Y = (-0{,}8/1 - 0{,}8).10 = -4 \times 10 = -40$. Donc le revenu d'équilibre diminue. Il passe de 1 000 à 960.

Si l'augmentation des dépenses publiques de 10 est financée par une augmentation des impôts autonomes de 10, le revenu augmente de 50 – 40 = 10. Il passe de 1 000 à 1 010. C'est le théorème de Haavelmo.

■ *Les effets des stabilisateurs automatiques*

En réalité, le montant des recettes fiscales est étroitement lié à la situation conjoncturelle de l'économie. Nous pouvons compléter le modèle précédent en ajoutant aux impôts autonomes une composante proportionnelle au revenu t.Y où t représente le taux marginal d'imposition avec $0 < t < 1$. Sous cette hypothèse, l'équation du revenu disponible de la fonction de consommation s'écrit :

$$Y_d = Y - T_a - t.Y + F_a$$

et l'équilibre initial entre l'offre globale et la demande globale sur le marché des biens et services devient :

$$Y = C_a + c.(Y - T_a - t.Y + F_a) + I_a + G_a$$

$$Y = \frac{1}{1 - c + c.t}.(C_a - c.T_a + c.F_a + I_a + G_a)$$

Dès lors, une politique fiscale consistant en une modification des impôts autonomes ΔT_a conduit à une variation du revenu ΔY d'un montant de :

$$\Delta Y = \frac{-c}{1 - c + c \cdot t} \cdot (\Delta T_a)$$

Cette expression fait apparaître un multiplicateur fiscal plus faible lorsque les impôts comportent une part proportionnelle au revenu que lorsqu'ils sont totalement autonomes par rapport à ce dernier.

La prise en compte d'un impôt lié au revenu s'analyse comme un effet de stabilisateur automatique de la fiscalité. En phase d'expansion économique, les recettes fiscales augmentent rapidement et cette augmentation d'impôt joue un rôle de frein à l'expansion. Au contraire, en phase de récession, le revenu fiscal diminue et cette baisse d'impôt permet de limiter la contraction conjoncturelle de l'économie.

■ *Le rôle de l'ouverture de l'économie*

Nous reprenons notre modèle tel qu'il est construit avant l'introduction d'un impôt proportionnel au revenu et nous l'enrichissons des deux principales composantes du commerce extérieur : les importations M et les exportations X.

Les exportations constituent en général une composante autonome par rapport au niveau du revenu. Elles sont principalement liées à l'activité économique de nos partenaires commerciaux et peuvent à court terme être présentées comme une variable autonome que l'on note X_a.

Il n'en est pas de même pour les importations. Le volume des importations dépend du niveau de notre activité. En phase d'expansion et donc de croissance du revenu, les importations de biens de consommation et d'équipement ont tendance à augmenter, alors qu'en phase de récession le mouvement inverse se produit. On peut, à la manière de la fonction de consommation, définir une fonction d'importation de type linéaire. Si l'on appelle m la propension marginale à importer qui est égale à la propension moyenne, il vient :

$M = m \cdot Y$ avec $0 < m < 1$.

L'intégration de ces deux composantes du commerce extérieur dans l'équation d'équilibre du marché des biens et services donne l'équation d'équilibre initial :

$$Y + m \cdot Y = C_a + c \cdot (Y - T_a + F_a) + I_a + G_a + X_a$$

$$\Leftrightarrow Y = \frac{1}{1 + m - c} \cdot (C_a - c \cdot T_a + c \cdot F_a + I_a + G_a + X_a)$$

On peut mettre en évidence le rôle expansif d'une augmentation des exportations autonomes ΔX_a. Celle-ci exerce un effet multiplicateur sur le revenu car elle est à l'origine d'un supplément de revenu qui entraîne une augmentation de la consommation de la même manière que le processus décrit auparavant. La variation de revenu résultant de cet effet d'augmentation des exportations est :

$$\Delta Y = \frac{1}{1 + m - c} \cdot \Delta X_a$$

1/(1 + m – c) est le multiplicateur des exportations. Il indique qu'une augmentation des exportations entraîne une élévation plus que proportionnelle du revenu d'équilibre. Ce multiplicateur est d'autant plus important que la propension marginale à importer m est faible.

Avec cette ouverture de l'économie sur l'extérieur, on peut recalculer tous les multiplicateurs définis précédemment dans le cadre des différentes politiques (budgétaires, fiscales et de transferts). Les multiplicateurs associés à ces politiques ne diffèrent que par l'intégration de la propension marginale à importer au dénominateur. On a par exemple pour le multiplicateur associé à la politique budgétaire :

1/(1 – c) en économie fermée,

1 (1 – c + m) en économie ouverte, avec :

$$\frac{1}{1 - c} > \frac{1}{1 - c + m}$$

Si c = 0,8 et m = 0,1.

Alors : (1/1 – c) = 5 et (1/1 – c + m) = 3,33.

Ceci montre qu'une politique budgétaire expansive est, en terme d'augmentation du revenu, plus efficace en économie fermée qu'en économie ouverte. Cela s'explique par le fait qu'en économie ouverte une partie du revenu supplémentaire résultant de l'effet expansionniste va alimenter la production étrangère et favoriser la croissance de nos partenaires commerciaux.

Les exportations représentent une contribution au flux de revenu domestique au même titre que l'investissement et les dépenses publiques, tandis que les importations constituent des fuites dans le circuit économique au même titre que l'épargne et les impôts.

On peut noter à ce stade de l'analyse que la condition d'égalité de l'épargne et de l'investissement en économie ouverte avec intervention de l'État est :

$$I + G + X = S + T + M$$

Certains auteurs d'inspiration néo-classique ont cherché s'il n'y avait pas certaines failles dans cette analyse keynésienne, en particulier au travers des effets de la fiscalité. Ils montrent alors les limites d'une fiscalité trop importante avec l'analyse de l'effet d'éviction et de la ***courbe de Laffer.***

3 L'effet d'éviction et la courbe de Laffer comme limites à la politique fiscale

Certains économistes se sont demandés si l'activité du secteur privé n'est pas, à travers la politique budgétaire, supplantée par celle du secteur public. Ce phénomène est connu sous le nom d'***effet d'éviction***.

L'effet d'éviction

Une des grandes critiques de la politique budgétaire est qu'elle conduit à un phénomène d'éviction du secteur privé par le secteur public. Dans le cas d'un déficit budgétaire, le recours à l'emprunt provoque un déplacement des ressources d'épargne disponible vers le secteur public au détriment des autres agents économiques, et en particulier des investissements du secteur privé. De plus, la captation de l'épargne par le secteur public aurait pour conséquence une augmentation de la demande de fonds prêtables disponibles sur les marchés et donc une augmentation du taux d'intérêt. Les pouvoirs publics doivent en effet, pour obtenir les capitaux nécessaires au financement du déficit budgétaire, proposer une meilleure rémunération des bons du Trésor. Cette hausse des taux d'intérêt provoque une baisse de l'investissement et, de ce fait, un ralentissement de l'activité économique. L'objectif de croissance visé par les pouvoirs publics ne sera pas atteint, l'investissement privé aura été évincé par l'investissement public.

La courbe de Laffer

L'analyse keynésienne souligne l'importance de la demande dans la fixation du revenu d'équilibre. Les théoriciens de l'offre insistent sur les limites des politiques visant à soutenir durablement l'expansion par l'augmentation de la fiscalité pour financer une politique de relance budgétaire.

L'idée est que lorsque les impôts deviennent trop lourds, l'initiative individuelle est découragée, l'activité des agents est déprimée et, par conséquent, restreint l'offre de biens et services. L'effet multiplicateur keynésien d'une augmentation de la demande se voit contrebalancé par une perte de production due à une baisse de la productivité.

Arthur Laffer propose une courbe reliant les recettes fiscales et les taux d'imposition et montre que l'appréciation des seconds n'entraîne pas forcément une augmentation du premier.

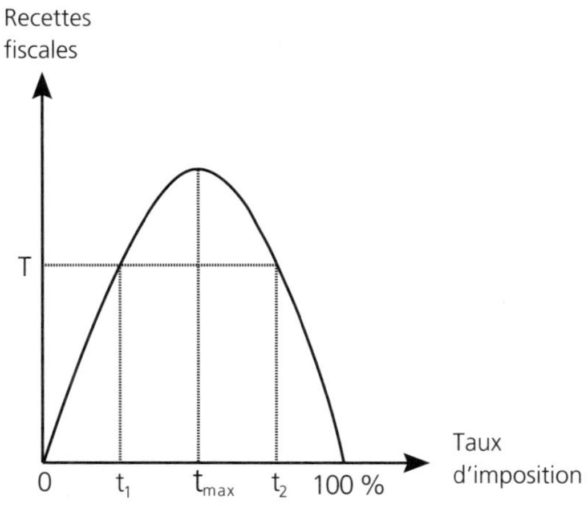

Figure 2 : *La courbe de Laffer*

Le taux d'imposition varie entre 0 et 100 %. Lorsque le taux d'imposition est nul il n'y a pas de recettes fiscales, la courbe passe par l'origine. À mesure que celui ci s'élève, les recettes fiscales augmentent dans une zone de pression fiscale jugée acceptable par les agents économiques jusqu'à un taux t_{max}.

Au-delà de t_{max}, les recettes fiscales commencent à diminuer. Les taux d'imposition deviennent trop élevés et les agents économiques vont essayer d'échapper à l'impôt de deux manières :

- en substituant de plus en plus de loisir au travail. Les individus vont préférer diminuer leur travail plutôt que de travailler pour payer des impôts ;
- en dissimulant leur revenu imposable, par exemple en effectuant du travail non déclaré.

La base d'imposition finit par se réduire comme une « peau de chagrin » et lorsque le taux d'imposition est trop élevé, les recettes fiscales sont également nulles car tout le monde s'est soustrait à l'impôt. L'économie est ici dans une zone de pression fiscale inacceptable pour les agents économiques.

Selon cette analyse, un niveau de recettes fiscales (T) peut être obtenu par deux taux d'imposition différents t_1 et t_2. Le taux d'imposition le plus faible permet le même rendement fiscal et assure une efficacité économique plus forte car personne ne cherche à se soustraire à l'impôt.

Nous avons avec cette ***courbe de Laffer*** l'idée que la politique keynésienne visant à agir sur la demande connaît certaines limites car elle entraîne des effets pervers sur l'offre. Vouloir favoriser des relances budgétaires financées par impôts peut conduire à une récession du revenu si les agents économiques sont récalcitrants à l'augmentation des taux d'imposition.

Nous avons jusqu'à présent raisonné sans se soucier du rôle éventuel que pouvait jouer la monnaie dans nos équilibres économiques. Le chapitre qui suit va nous permettre de pallier cette insuffisance.

La monnaie

Chapitre 7

À quoi sert la monnaie dans une économie ? Sert-elle uniquement à assurer les transactions ou peut-elle être demandée pour elle-même ? Telles sont les questions traitées dans ce chapitre.

La monnaie est principalement constituée des billets et des dépôts à vue dans les banques.

L'offre de monnaie résulte de sa quantité mise en circulation par les autorités monétaires (Banque centrale). C'est le système bancaire qui assure la création et la mise en circulation de la monnaie auprès des agents économiques.

La demande de monnaie émane de l'ensemble des agents économiques, ménages et entreprises.

L'approche du rôle de la monnaie dans une économie diverge entre les classiques et les keynésiens. Les premiers posent le principe de neutralité de la monnaie. Leur analyse est dichotomique au sens ou la monnaie n'a aucun effet sur le secteur réel de l'économie. Elle n'est qu'un simple intermédiaire des échanges et aboutit à la théorie quantitative de la monnaie.

En 1930, dans le *Traité de la monnaie*, Keynes critique la théorie quantitative de la monnaie et la séparation qu'elle impose entre la sphère réelle et la sphère monétaire. Il montre que la monnaie peut être demandée pour elle-même et que sa demande est liée au niveau du taux d'intérêt.

Ces deux analyses seront successivement développées.

1 Les classiques et la théorie quantitative de la monnaie

L'analyse des classiques repose sur la loi des débouchés et aboutit à la théorie quantitative de la monnaie.

Les classiques et la loi des débouchés

Dans son *Traité d'économie politique*, l'économiste français Jean-Baptiste Say formulait en 1803 la loi des débouchés selon laquelle « l'offre crée sa propre demande », c'est-à-dire que « c'est la production qui offre des débouchés aux produits ». Cette loi constitue un pilier principal de la théorie de l'offre et a des conséquences importantes dans une économie monétaire. L'échange de produits contre des produits que l'on trouve au niveau d'une économie de troc reste valable dans une économie monétaire car la monnaie ne fait l'objet d'aucune demande pour elle même. Elle n'est qu'un voile qui ne sert qu'à véhiculer les produits. Elle est neutre dans le sens qu'elle n'exerce aucune action sur la sphère réelle de l'économie, c'est-à-dire sur la production de biens et services. La quantité de monnaie en circulation exerce une influence sur le niveau général des prix.

La logique économique est la suivante. L'offre, c'est-à-dire la production de biens et services, crée une valeur qui est transformée en revenus. Ces revenus sont distribués aux agents sous forme de salaires, profits, intérêts, dividendes. La monnaie reçue est dépensée dans sa totalité pour se procurer des produits de consommation ou d'investissement. La demande globale est toujours égale à l'offre globale du fait d'une flexibilité des prix. La flexibilité à la baisse des prix permet de diminuer la production d'un bien qui fait l'objet d'une surproduction. La flexibilité à la hausse des prix permet de limiter une forte demande à laquelle il serait impossible de répondre. Dans ce contexte de neutralité monétaire, les classiques vont définir la théorie quantitative de la monnaie.

La théorie quantitative de la monnaie (TQM)

L'idée centrale de la TQM est que la monnaie n'exerce d'influence que sur le niveau général des prix. Une première formulation date de 1911 et est due à un économiste américain : Irving Fisher. Une deuxième formulation date de 1917 et émane de deux économistes anglais : Alfred Marshall et Arthur Cecil Pigou.

a) La formulation de Fisher

Fisher a formulé la TQM de la façon suivante :

$M . V = P . T$

Dans cette formule :

– M représente la masse monétaire ;

– V est la vitesse de circulation de la monnaie ;

– P est le niveau général des prix ;

– T désigne le volume des transactions.

Avec les définitions de P et de T, la quantité P.T représente la valeur nominale des paiements effectués au cours de la période. À partir de l'équation précédente, la vitesse de circulation de la monnaie est égale à :

$V = P.T/M$

C'est le rapport entre la valeur des transactions et le nombre d'unités monétaires pour assurer ces dernières. Elle s'interprète comme la fréquence moyenne d'une quantité de monnaie M nécessaire pour régler des paiements d'une valeur P.T. Si V = 3, cela signifie que le stock de monnaie doit être utilisé 3 fois pour financer l'ensemble des transactions au cours de la période.

Certaines hypothèses ont été faites sur les variables de la TQM :

– la quantité de monnaie en circulation est entièrement contrôlée par les autorités monétaires. Elle est exogène et donc indépendante des variables réelles ;

– la vitesse de circulation de la monnaie est constante à court terme. Cela traduit l'idée selon laquelle à court terme les agents dépensent leurs encaisses à un rythme constant quelle que soit la quantité de monnaie ;

– le volume de production est donné. Il est déterminé en dehors de la sphère monétaire dans une situation optimale de plein emploi.

Si V et T sont constants et égaux à a, alors la TQM s'écrit :

$P = a . M$

Cette relation montre que le niveau général des prix P est proportionnel à la masse monétaire M et pour les classiques la causalité va de M vers P. C'est la variation de la masse monétaire ΔM qui implique une variation des prix ΔP.

L'égalité entre M et P implique une égalité du même type entre les variations absolues de M et de P et l'on a :

$\Delta P = a . \Delta M$

Ainsi, toute variation de la quantité de monnaie en circulation dans l'économie ΔM implique une variation proportionnelle et de même sens du niveau général des prix ΔP.

À partir de ces deux dernières équations on peut écrire :

$$\frac{\Delta P}{P} = \frac{a . \Delta M}{a . M} = \frac{\Delta M}{M}$$

Cette relation exprime l'égalité entre le taux de croissance des prix et celui de la masse monétaire. Si, sous les hypothèses du modèle, les autorités monétaires décident d'augmenter la masse monétaire de 4 %, alors le niveau général des prix augmente de 4 %.

b) La formulation de Marshall et Pigou

La formulation de la théorie quantitative de la monnaie par Marshall et Pigou est encore appelée *équation de Cambridge* du nom de l'école où ils étaient professeurs. Les deux auteurs ont transformé l'*équation de Fisher* en une fonction de demande de monnaie liée au revenu :

$$\frac{M}{P} = k \cdot Y$$

Dans cette expression :

- M est la masse monétaire nominale et P le niveau général des prix. M/P est donc la valeur réelle de la masse monétaire ;
- Y est le revenu réel des agents économiques ;
- k est un coefficient qui mesure la part du revenu réel que les agents souhaitent conserver sous forme de monnaie pour effectuer facilement des transactions courantes et pour détenir des encaisses de précaution afin de faire face à des dépenses imprévues.

Avec cette formulation, on obtient une ***demande d'encaisse réelle*** de la part des agents économiques.

Pigou explique comment les variations de la quantité de monnaie sont reflétées dans les prix par l'effet d'encaisse réelle. Si l'offre de monnaie en circulation augmente pour un niveau des prix inchangé, alors le pouvoir d'achat monétaire mis en circulation augmente. Les agents qui jusque-là détenaient des encaisses à un niveau qu'ils jugeaient satisfaisant pour assurer leurs transactions se retrouvent à présent avec des encaisses réelles excédentaires et vont les dépenser sur les marchés. Ceci va entraîner une augmentation de la demande. Comme en situation de plein emploi des facteurs de production il n'est pas possible de produire plus, la pression sur la demande va faire augmenter les prix. Cette hausse des prix va réduire la valeur réelle des encaisses détenues par les agents. Ce mouvement va se poursuivre jusqu'au moment où les encaisses réelles ont retrouvé leur valeur initiale.

Ce raisonnement est inversé dans le cas d'une réduction de l'offre de monnaie. Dans les deux cas, il vient que la monnaie est neutre. Le volume d'activité n'a pas varié suite à la variation de la quantité de monnaie. Les variations de la monnaie se répercutent uniquement sur les prix.

Ainsi dans l'analyse classique, seule la sphère réelle, c'est-à-dire le marché des produits, est importante. La monnaie n'a pas d'effet réel sur l'économie, c'est un voile qui masque les échanges. Elle n'exerce d'influence que sur le niveau général des prix.

2 L'équilibre monétaire keynésien

Pour Keynes la monnaie peut être recherchée pour elle-même et constitue un élément du patrimoine des agents économiques. La monnaie fait l'objet d'une demande qui, confrontée à l'offre, détermine un équilibre sur le marché monétaire.

■ *L'offre de monnaie*

Comme dans l'analyse des classiques l'offre de monnaie M^o est supposée exogène. Elle est entièrement contrôlée par les autorités monétaires. Cette offre de monnaie est exprimée en termes réels et traduit une offre d'encaisses réelles M^o/P. Elle est totalement indépendante du taux d'intérêt.

Toute augmentation de l'offre d'encaisses réelles de la part des autorités monétaires se traduit par un déplacement vers la droite de la droite d'offre de monnaie. Toute diminution de cette offre se traduit par un déplacement vers la gauche. Dans les deux cas, le taux d'intérêt n'est pas affecté.

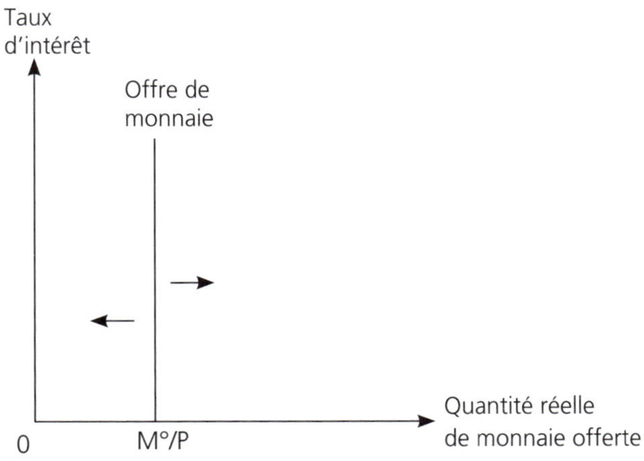

***Figure 1 :** Offre réelle de monnaie et taux d'intérêt*

La demande de monnaie keynésienne : la préférence pour la liquidité

Dans l'analyse de Keynes contrairement à celle des classiques, la monnaie n'est pas neutre. Les agents économiques peuvent la détenir pour elle-même et pas seulement pour régler des transactions courantes. Pour Keynes, les agents économiques ont une préférence pour la liquidité, c'est-à-dire préfèrent détenir des actifs monétaires plutôt que des actifs financiers comme les actions ou les obligations. Trois motifs expliquent cette préférence pour la liquidité.

Tout d'abord, ***le motif de transaction ou de trésorerie***. Pour les ménages comme pour les entreprises, il existe un décalage temporel entre la perception du revenu ou des recettes et la succession des dépenses. Les agents économiques détiennent une partie de leurs ressources sous forme de monnaie pour régler les dépenses courantes.

Ensuite, ***le motif de précaution***. Il concerne la détention de liquidités pour faire face à des dépenses imprévues comme la maladie ou un accident.

Ces deux motifs déterminent une demande de monnaie transactionnelle.

a) La demande de monnaie transactionnelle

Cette demande de monnaie notée $L_1(Y)$ dépend du revenu national Y. Toute augmentation du revenu national entraîne un nombre plus élevé de transactions et une plus grande demande de monnaie pour satisfaire les échanges.

$L_1'(Y) > 0$.

On peut encore écrire $L_1(Y) = g.Y$ avec $g > 0$, et g peut être interprété comme un indicateur de l'élasticité de la demande de monnaie par rapport au revenu.

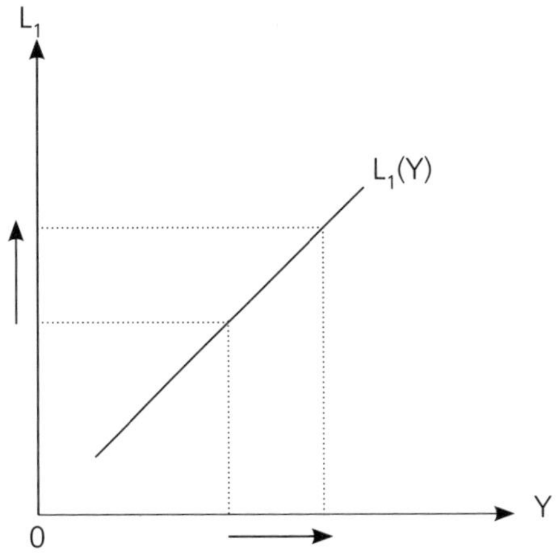

Figure 2 : *La demande de monnaie de transactions*

Cette demande de monnaie transactionnelle est totalement indépendante du taux d'intérêt.

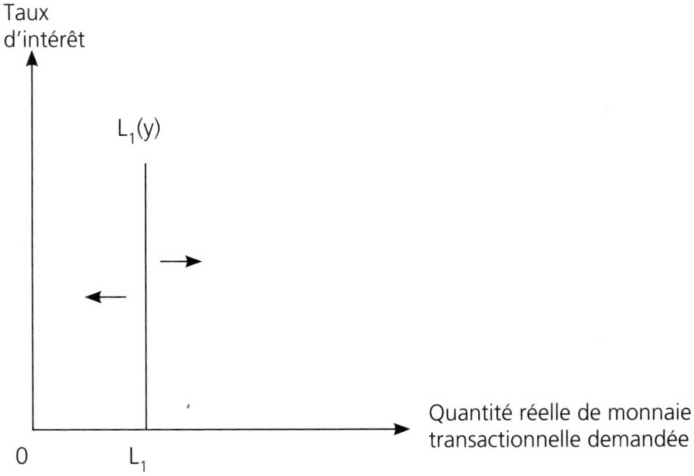

Figure 3 : *Demande de monnaie transactionnelle et taux d'intérêt*

Toute augmentation de la demande de monnaie transactionnelle se traduit par un déplacement parallèle et vers la droite de la droite $L_1(Y)$, toute diminution par un déplacement parallèle et vers la gauche.

Cette analyse de la demande de monnaie transactionnelle est proche de l'analyse des classiques. La divergence vient de la préférence pour la liquidité à travers le troisième motif : le ***motif de spéculation***.

b) La demande de monnaie spéculative

À la demande de monnaie transactionnelle, Keynes ajoute une seconde composante qui est indépendante du revenu mais reliée au taux d'intérêt : la demande de monnaie spéculative.

Le ***motif de spéculation*** donne à la monnaie un rôle de réserve de valeur. Il résulte de la possibilité pour un spéculateur de conserver une partie de ses avoirs financiers sous forme liquide pour bénéficier au mieux des fluctuations du marché financier des titres. Ce motif de spéculation conduit à une relation décroissante entre la demande de monnaie spéculative et le taux d'intérêt due au fait que le taux d'intérêt et le cours des titres à revenu fixe varient en sens inverse.

Soient des obligations déjà émises qui ont une valeur nominale de 100 € et qui rapportent chaque année un taux d'intérêt fixe égal à 10 €. Leur taux de rendement annuel est de 10 %.

Supposons que l'on émette de nouvelles obligations, toujours d'une valeur nominale de 100 €, et qui rapportent désormais 12 € par an. Elles ont un taux de rendement de 12 %. Tous les investisseurs vont les préférer aux anciennes et vont de ce fait vendre ces dernières pour acheter les nouvelles. Sur le marché des anciennes obligations, il va se produire une augmentation de l'offre qui va faire chuter leur cours. Cette baisse du cours augmente le taux de rendement des obligations anciennes.

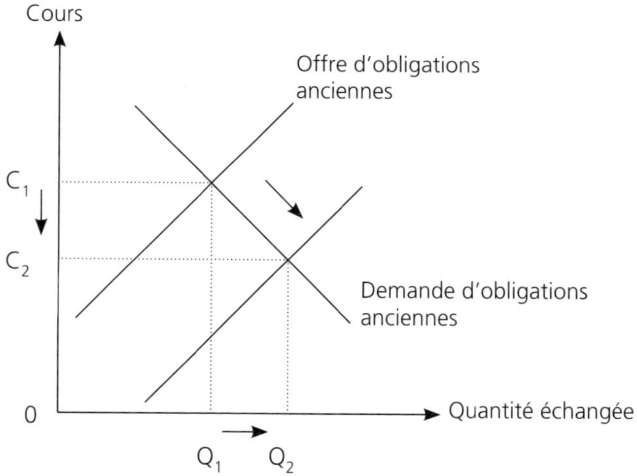

Figure 4 : *Une augmentation de l'offre des obligations anciennes*

À quel niveau va se fixer le nouveau prix d'équilibre (C_2 sur la figure) ? Le cours des obligations va diminuer jusqu'à ce que le taux de rendement des anciennes obligations soit identique au taux de rendement des nouvelles, c'est-à-dire jusqu'à ce que :

$10/C_2 = 12\ \% \Leftrightarrow C_2 = 83{,}33$ €.

L'arbitrage du marché fait que les obligations anciennes et nouvelles ont à présent toutes deux un taux de rendement de 12 %.

L'analyse serait inversée si l'on avait proposé des obligations d'un taux de rendement de 8 %. Les agents économiques préfèrent les anciennes obligations dont la rentabilité est supérieure à celle des nouvelles ; leurs cours en bourse augmente, ce qui réduit leur rendement. Ce cours en bourse aurait augmenté jusqu'à :

$10/C_2 = 8\ \% \Leftrightarrow C_2 = 125$ €

Ainsi, il existe une relation inverse entre le cours des obligations et le taux d'intérêt.

Comment relier le taux d'intérêt à la demande de monnaie spéculative ?

Il faut faire appel aux anticipations des spéculateurs. Ces derniers doivent, pour réaliser des plus-values, acheter les titres lorsque leurs cours sont bas pour les revendre lorsque leurs cours sont élevés.

Plus les taux d'intérêt sont élevés, plus les cours des obligations sont bas et plus les spéculateurs anticipent un retournement des cours à la hausse. Ils vont acheter des titres contre de la monnaie et leur demande de monnaie spéculative est faible.

Inversement, plus les taux d'intérêt sont bas, plus les cours sont élevés et plus les spéculateurs anticipent un retournement à la baisse de ces cours. Il faut alors vendre des titres contre de la monnaie et la demande de monnaie spéculative est forte.

La demande de monnaie spéculative $L_{2(i)}$ est une fonction décroissante du taux d'intérêt :

$L_2' < 0$

On peut encore écrire $L_{2(i)} = h.i$ avec $h < 0$, et h peut être interprété comme un indicateur de l'élasticité de la demande de monnaie par rapport au taux d'intérêt.

Mais Keynes souligne deux particularités de cette fonction :

– il existe un ***taux d'intérêt maximum*** (i_{max}) au-delà duquel la demande de monnaie spéculative est nulle. Le taux d'intérêt est tellement élevé que tous les agents économiques sont persuadés qu'il ne peut que baisser. Tout le monde anticipe une hausse du cours des titres et échange la totalité de ses encaisses spéculatives contre des titres ;

– il existe un ***taux d'intérêt minimum*** (i_{min}) en dessous duquel la demande de monnaie spéculative est infinie. Le taux d'intérêt est tellement bas que tous les agents économiques sont persuadés qu'il ne peut que monter. Tout le monde anticipe une baisse du cours des titres et échange la totalité de ses titres contre des encaisses spéculatives. Les obligations sont vendues, il existe une préférence absolue pour la liquidité. Keynes appelle cette situation extrême ***la trappe à liquidité.***

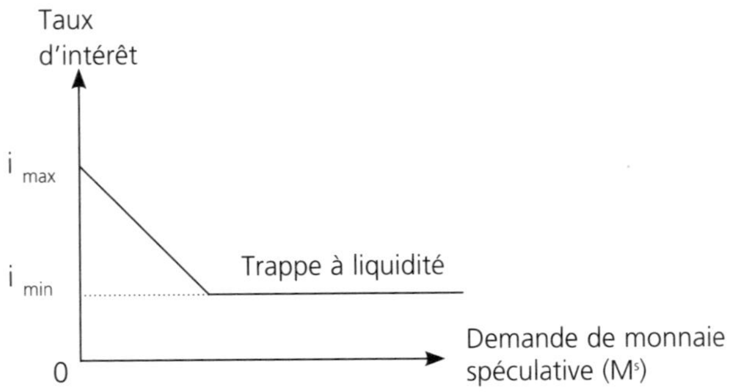

Figure 5 : *La demande de monnaie de spéculation*

Entre le taux d'intérêt maximum et le taux d'intérêt minimum, la demande de monnaie spéculative est une fonction décroissante du taux d'intérêt.

c) La demande totale de monnaie

La demande totale de monnaie est la somme de la demande de monnaie transactionnelle et de la demande de monnaie spéculative. Elle est exprimée en termes réels, on parle de ***demande d'encaisses réelles*** M^d/P :

$M^d/P = L_1(Y) + L_2(i) = g\,.Y + h\,.\,i$ avec $g > 0$ et $h < 0$

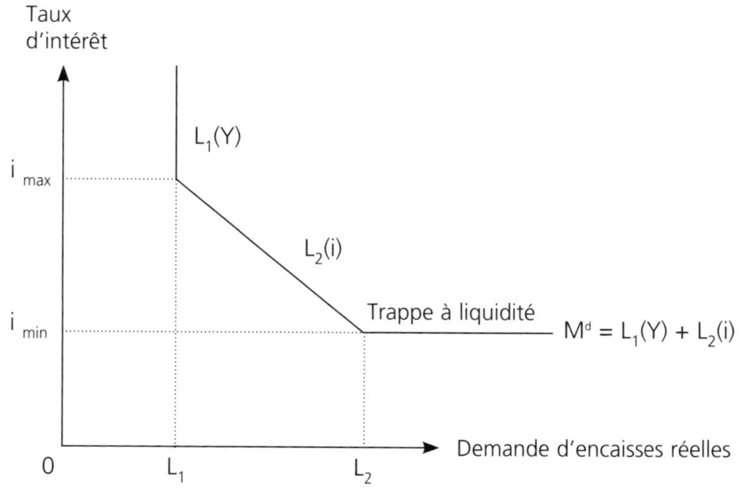

Figure 6 : *La demande totale de monnaie*

$0L_1$ mesure les encaisses de transaction détenues par les agents quel que soit le taux d'intérêt et ceci pour un niveau de revenu Y. La demande de monnaie est totalement inélastique au taux d'intérêt. À droite de L_1 et jusqu'à L_2, on trouve l'encaisse spéculative qui est une fonction décroissante du taux d'intérêt. À droite de L_2, la demande de monnaie détenue sous forme d'encaisses est infinie, on est en présence de la trappe à liquidité.

L'équilibre du marché monétaire

La confrontation de l'offre de monnaie, supposée entièrement contrôlée par les autorités monétaires, et de la demande totale de monnaie fait du ***taux d'intérêt un phénomène monétaire.***

$M^o/P = M^d/P = L_1(Y) + L_2(i) = g\,.Y + h\,.\,i$ avec $g > 0$ et $h < 0$

Cet équilibre détermine le taux d'intérêt d'équilibre i* ainsi que la quantité de monnaie échangée à ce taux.

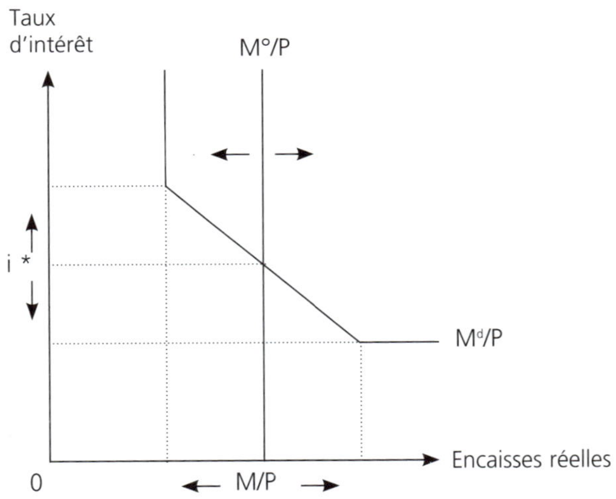

Figure 7 : *L'équilibre du marché monétaire*

Une application est la suivante. On a :

$M^o/P = 100$

$L_1(Y) = (1/3)Y.$

$L_2\,(i) = 150 - 1\,500i.$

La demande d'encaisses réelles est:

$M^d/P = L_1(Y) + L_2(i) = (1/3)Y + 150 - 1\,500i.$

L'équilibre du marché monétaire est :

$M^o/P = M^d/P \rightarrow 100 = (1/3)Y + 150 - 1\,500i$.

Pour Y = 300, on a : $100 = 250 - 1\,500i \rightarrow 150 = 1\,500i \rightarrow i = 10\ \%$.

Que se passe-t-il si les autorités monétaires augmentent l'offre de monnaie ? Pour cela, elles vont acheter des titres aux agents économiques contre de la monnaie. Cette demande de titres va faire monter leurs cours, et le taux d'intérêt diminuera puisqu'il varie en sens inverse des cours. Graphiquement, cela se traduit par un déplacement parallèle et vers la droite de la courbe d'offre de monnaie. Une augmentation de la quantité de monnaie en circulation, une ***politique monétaire expansive*** :

- entraîne une diminution du taux d'intérêt si l'offre de monnaie coupe la demande de monnaie dans sa partie élastique au taux d'intérêt ;
- n'exerce aucune influence sur le taux d'intérêt si l'offre de monnaie coupe la demande de monnaie dans la partie de la trappe à liquidité.

Une ***politique monétaire restrictive*** s'analyse graphiquement par un déplacement parallèle et vers la gauche de l'offre de monnaie et conduit :

- à une augmentation du taux d'intérêt si l'équilibre a au départ lieu dans la partie élastique au taux d'intérêt ;
- à aucune modification du taux d'intérêt si l'équilibre de départ est situé suffisamment à droite dans la partie de la trappe à liquidité.

L'équilibre monétaire et celui du marché des biens et services vont nous permettre d'effectuer une synthèse macro-économique et de présenter, dans un dernier chapitre, le modèle IS-LM.

Une synthèse macro-économique : IS-LM

Chapitre 8

Il nous fallait un instrument qui rassemble les analyses développées jusqu'à présent. Le modèle IS-LM permet cette synthèse macro-économique.

La théorie macro-économique moderne a été élaborée par la synthèse d'éléments tirés des analyses néoclassiques et keynésiennes. La présentation la plus connue est le ***modèle d'équilibre général IS-LM*** (I pour investissement (*Investment*), S pour épargne (*Saving*), L pour désigner les encaisses monétaires (*Liquidity*) et M représentant l'offre de monnaie (*Money*)) qui présente le processus de détermination simultanée et indépendante du revenu et du taux d'intérêt.

La détermination de l'équilibre du marché des biens et services, l'équilibre réel, et de l'équilibre du marché de la monnaie fait apparaître une variable commune : le taux d'intérêt. À partir de cette liaison entre la sphère monétaire et la sphère réelle, deux économistes, J.R. Hicks et A.H. Hansen ont mis au point un schéma qui montre l'ensemble des combinaisons taux d'intérêt-revenu qui assure le double équilibre du marché monétaire et du marché des biens et services.

La construction de ce schéma fera l'objet d'un premier point, son fonctionnement dans le cadre des politiques macro-économiques d'inspiration keynésienne sera analysé dans un deuxième temps.

1 L'équilibre du marché des biens et services et l'équilibre monétaire

Nous allons examiner l'équilibre du marché des biens et services et construire la courbe IS. L'équilibre monétaire et la courbe LM seront examinés ensuite.

On raisonne sous l'hypothèse d'une économie fermée où le niveau général des prix est constant et l'offre de monnaie donnée. Le gouvernement n'apparaît pas explicitement dans l'analyse. La consommation est celle des ménages et des administrations ; l'investissement concerne à la fois les entreprises et les administrations.

■ *La courbe IS et l'équilibre du marché des biens et services*

Après avoir construit la courbe IS, nous montrerons comment s'effectuent ses déplacements.

a) La construction de IS

Soit la fonction de consommation keynésienne de courte période de type affine :

$C = C_a + c \cdot Y$.

Il en découle que la fonction d'épargne est : $S = -Ca + s \cdot Y$.

L'épargne est une fonction croissante du revenu : $S = S(Y)$ avec $S' > 0$.

L'investissement est une fonction décroissante du taux d'intérêt :

$I = I(i)$ avec $I' < 0$.

L'équilibre sur le marché des biens et services est décrit par la relation :

$Y = C + I$

et est équivalent à un équilibre entre l'épargne et l'investissement :

$I(i) = S(Y)$

Cette condition d'équilibre signifie que pour tout taux d'intérêt donné, il existe une seule valeur de Y pour laquelle l'épargne est égale à l'investissement. Ainsi, Y et i sont liés. La construction peut être représentée de la manière suivante.

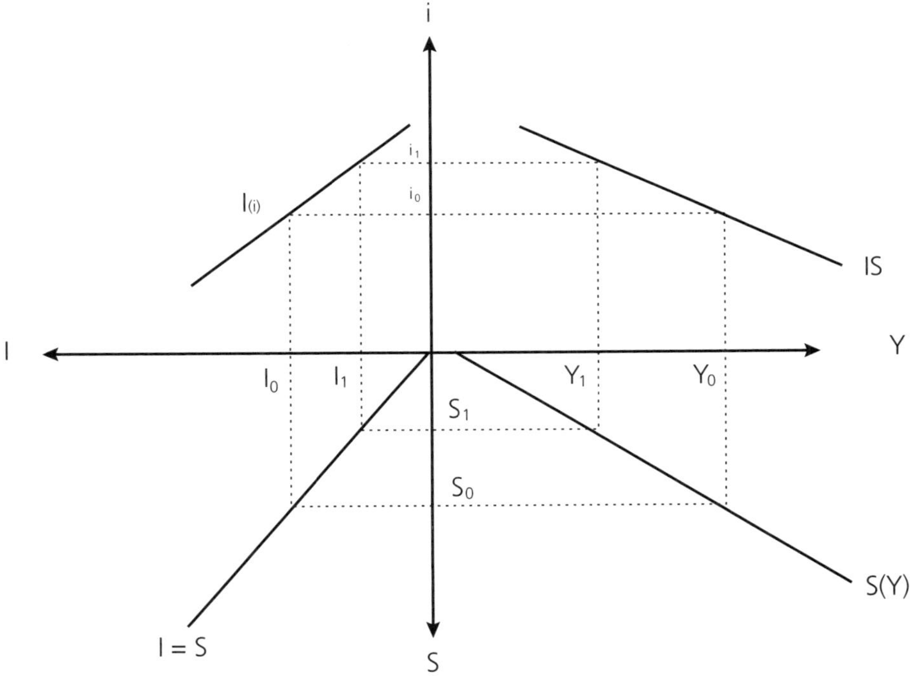

***Figure 1** : La construction de IS*

Le cadran Nord-Ouest représente l'investissement comme une fonction décroissante du taux d'intérêt.

Le cadran Sud-Ouest représente l'égalité entre l'épargne et l'investissement. Dans le repère orthogonal, les points se retrouvent sur la première bissectrice.

Le cadran Sud-Est représente la fonction d'épargne $S = - C_a + s . Y$.

Le cadran Nord-Est donne la courbe IS.

Si le taux d'intérêt est fixé à un niveau i_0, le montant de l'investissement est I_0. Ce dernier est égal à un montant d'épargne S_0. La propension marginale à épargner étant donnée, cette épargne est compatible avec un niveau de revenu Y_0. Ainsi, au taux d'intérêt i_0 correspond, à l'équilibre de l'épargne et de l'investissement, le niveau de revenu Y_0.

La courbe IS représente l'ensemble des couples (Y, i) qui, par égalisation de l'épargne et de l'investissement, assurent l'équilibre du marché des biens et services.

Par exemple, si la fonction de consommation est C = 0,8Y – 400 et la fonction d'investissement est I = 6 000 – 20 000i, alors l'équation de la courbe IS est donnée par : Y = C + I = 0,8Y – 400 + 6 000 – 20 000i ➔ Y = 28 000 – 100 000i.

b) Les déplacements de IS

Pour un taux d'intérêt donné, toute augmentation d'une composante de la demande autonome par rapport au revenu (consommation autonome, investissement autonome) se traduit par un déplacement parallèle et vers la droite de la courbe IS. Il vient alors une augmentation du revenu d'équilibre.

Inversement, toute diminution d'une composante de la demande autonome se traduit, pour un taux d'intérêt inchangé, par un déplacement parallèle et vers la gauche de la courbe IS et le revenu d'équilibre diminue. Ce mouvement est amplifié dans le cas d'une élévation exogène du taux d'intérêt.

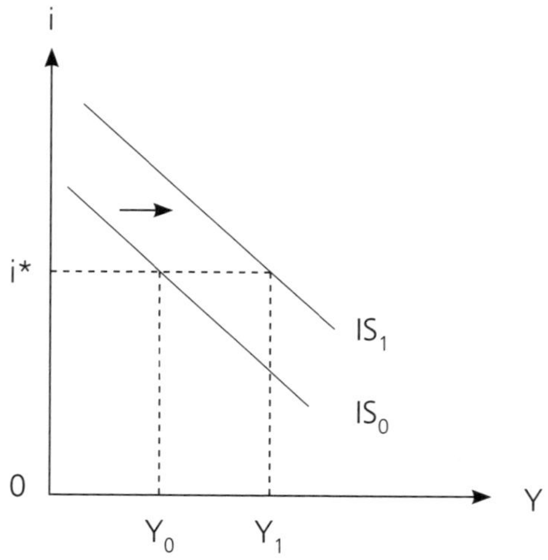

Figure 2 : *Une augmentation d'une composante autonome de la demande*

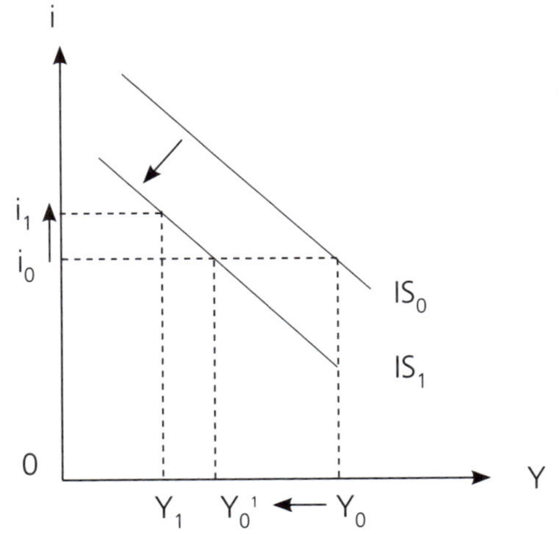

***Figure 3** : Une baisse d'une composante autonome de la demande et une élévation du taux d'intérêt*

Suite à la baisse de la demande autonome, la courbe IS se déplace de IS_0 à IS_1. Le revenu d'équilibre passe de Y_0 à Y_0^1. Si ensuite le taux d'intérêt augmente de i_0 à i_1, le revenu d'équilibre va se fixer à un niveau plus faible Y_1.

Voyons à présent l'équilibre monétaire.

■ *La courbe LM et l'équilibre du marché monétaire*

La construction de la courbe LM sera suivie de l'analyse de ses déplacements.

a) La construction de LM

Il s'agit d'exprimer sur le marché de la monnaie une relation d'équilibre qui détermine la quantité de monnaie disponible dans l'économie en fonction des valeurs du revenu et du taux d'intérêt. Cette relation doit traduire la relation quantitative entre le revenu et le taux d'intérêt lorsque la demande de monnaie est égale à l'offre de monnaie.

Nous avons montré que dans l'analyse keynésienne, l'équilibre du marché monétaire entre l'offre et la demande de monnaie pouvait s'écrire :

$M/P = L_1(Y) + L_2(i)$

Si l'offre de monnaie est fixée, cette équation montre qu'à l'équilibre il existe une relation entre le revenu national et le taux d'intérêt.

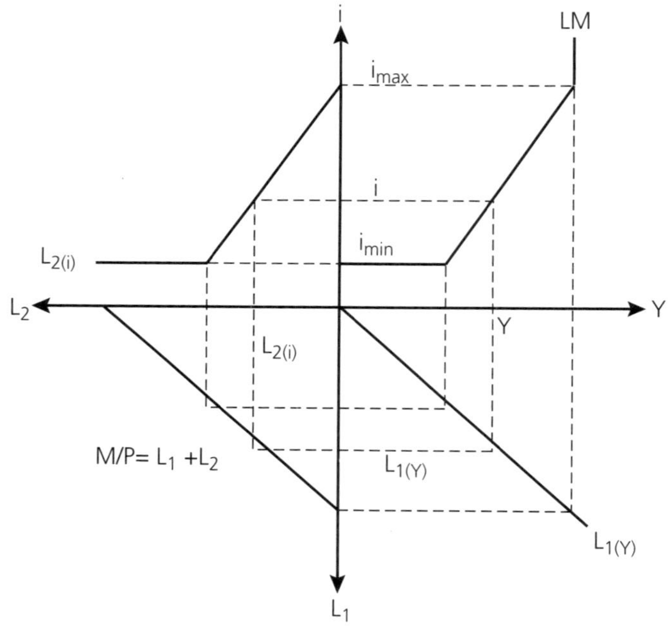

Figure 4 : *La construction de LM*

Le cadran Nord-Ouest exprime que la demande de monnaie spéculative est une fonction décroissante du taux d'intérêt jusqu'à la trappe à liquidité.

Le cadran Sud-Ouest représente l'égalité entre l'offre et la demande totale de monnaie. Pour une quantité d'offre de monnaie constante, toute variation de la quantité de monnaie détenue à des fins spéculatives entraîne une variation d'un même montant mais de sens opposé de monnaie détenue à des fins transactionnelles.

Le cadran Sud-Est représente la demande de monnaie transactionnelle.

Le cadran Nord-Est donne la courbe LM.

Si le taux d'intérêt est fixé à un niveau i, la quantité de monnaie demandée à des fins spéculatives est $L_2(i)$. La quantité de monnaie en circulation M/P étant constante, si l'on consacre $L_2(i)$ à la spéculation, il reste $M/P - L_2(i) = L_1(Y)$ disponible pour assurer les transactions. Cette quantité de monnaie transactionnelle correspond à un niveau de revenu Y. Ainsi, au taux d'intérêt i correspond le niveau de revenu Y.

La courbe LM représente l'ensemble des couples (Y, i) qui, par égalisation de l'offre et de la demande de monnaie, assurent l'équilibre du marché monétaire.

Cette construction permet de délimiter trois zones caractéristiques sur la courbe LM.

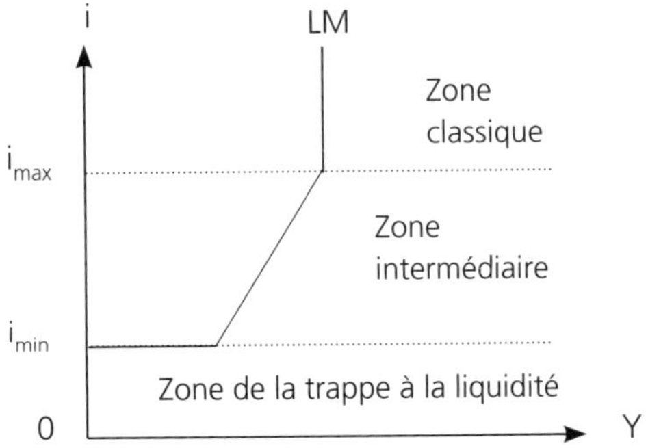

Figure 5 : *Les trois zones de LM*

La ***zone intermédiaire*** représente les couples assurant un équilibre monétaire lorsque la demande de monnaie comporte une demande spéculative finie et non nulle par rapport au taux d'intérêt.

La ***zone de la trappe à liquidité*** signale une demande de monnaie spéculative infiniment élastique au taux d'intérêt.

La ***zone classique*** satisfait la théorie classique selon laquelle la demande de monnaie est inélastique au taux d'intérêt.

Il faut noter que la courbe LM appartient tout entière au modèle keynésien dont elle exprime les différentes possibilités. La théorie classique apparaît comme un cas particulier, un cas extrême du modèle keynésien.

Une application est la suivante. On a:
– l'offre de monnaie : $M/P = 6\,000$
– la demande de monnaie transactionnelle : $L_1(Y) = (1/3)Y$
– la demande de monnaie spéculative : $L_2(i) = 1\,500 - 15\,000i$
La demande totale de monnaie est :
$L_1(Y) + L_2(i) = (1/3)Y + 1\,500 - 15\,000i$
L'équilibre du marché monétaire est :
$M/P = L_1(Y) + L_2(i) \rightarrow 6\,000 = (1/3)Y + 1\,500 - 15\,000i$
L'équation de la courbe LM est : $Y = 13\,500 + 45\,000i$
Voyons à présent les déplacements de cette courbe.

b) Les déplacements de LM

On peut envisager deux cas de figure.

– ***Il se produit une variation de l'offre de monnaie.*** Toute augmentation de l'offre de monnaie se traduit graphiquement par un déplacement parallèle et vers la droite de la courbe LM. Une diminution a un effet opposé et entraîne un déplacement vers la gauche de la courbe LM.

– ***Il se produit une modification exogène de la demande*** de monnaie. La courbe LM se déplace vers la droite quand la demande de monnaie diminue. Inversement, elle se déplace vers la gauche quand la demande de monnaie augmente.

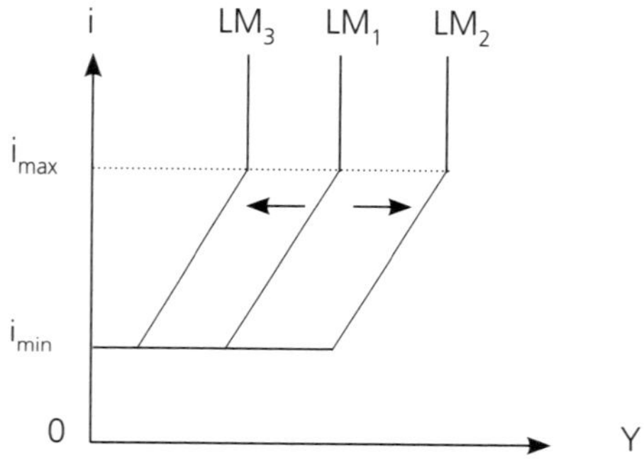

***Figure 6** : Les déplacements de LM*

Il nous reste à présenter l'équilibre des deux marchés.

2 IS-LM et les politiques conjoncturelles

Après avoir présenté l'équilibre simultané du marché des biens et services et du marché monétaire, nous examinerons le rôle et les conséquences des politiques conjoncturelles.

■ *IS-LM et l'équilibre des deux marchés*

Les analyses précédentes ont montré qu'il existe une infinité de couples (Y, i) qui assurent l'équilibre sur le marché des biens et services *ou* sur celui de la monnaie. Mais il existe un couple unique qui assure l'équilibre simultané sur les deux marchés.

a) La représentation de l'équilibre

L'équilibre du marché des biens et services et du marché monétaire est obtenu à l'intersection des courbes IS et LM.

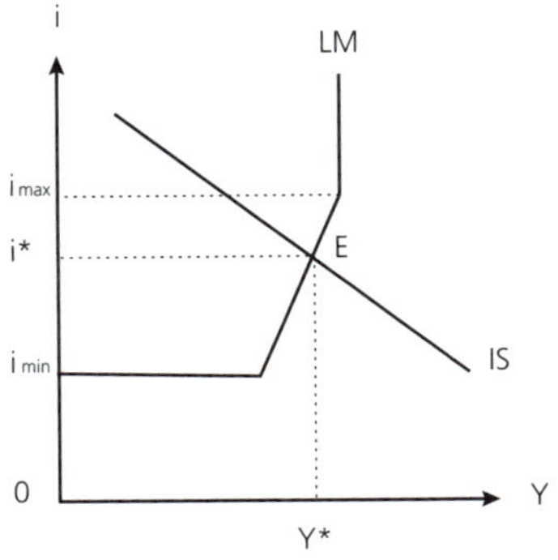

Figure 7 : *IS-LM ou l'équilibre simultané sur les deux marchés*

Le point E donne le couple (Y*, i*) qui assure l'équilibre des deux marchés. Ce couple est tel que la demande de monnaie égalise l'offre de monnaie et l'épargne égalise l'investissement.

À partir de l'équation de la courbe IS et l'équation de la courbe LM, l'équilibre est obtenu par leur égalisation. On peut donc écrire :

IS = LM ➔ 28 000 – 100 000i = 13 500 + 45 000i ➔ i = 10 % ➔ Y = 18 000.

b) L'interprétation des déséquilibres

Tout couple (Y,i) différent du couple (Y*,i*) caractérise une situation de déséquilibre. On peut situer et analyser ces couples dans quatre zones A, B, C et D.

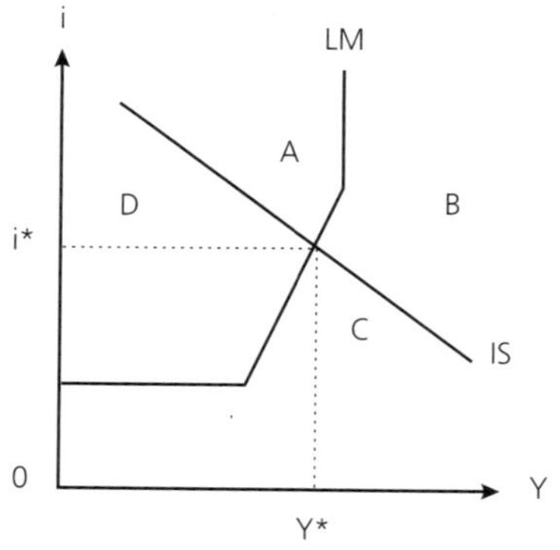

Figure 8 : Les déséquilibres des deux marchés

Tout couple (Y,i) situé dans la zone A indique un excès d'offre sur le marché des biens et services et un excès d'offre sur le marché monétaire.

Tout couple situé dans la zone B retrace un excès d'offre de biens et services et un excès de demande de monnaie.

Tout couple situé dans la zone C retrace un excès de demande de biens et services et un excès de demande de monnaie.

Tout couple situé dans la zone D retrace un excès de demande de biens et services et un excès d'offre de monnaie.

Nous allons à présent analyser les politiques conjoncturelles à partir du modèle IS-LM.

Les politiques conjoncturelles

Nous allons à partir du schéma IS-LM étudier l'impact sur le revenu et le taux d'intérêt d'équilibre de différentes politiques macro-économiques.

a) La politique budgétaire et fiscale

Nous avons vu précédemment que toute augmentation d'une composante de la demande autonome par rapport au revenu se traduit par un déplacement vers la droite de la courbe IS. C'est en particulier le cas d'une politique d'augmentation des dépenses publiques ou des transferts sociaux ou encore d'une politique fiscale de réduction des impôts.

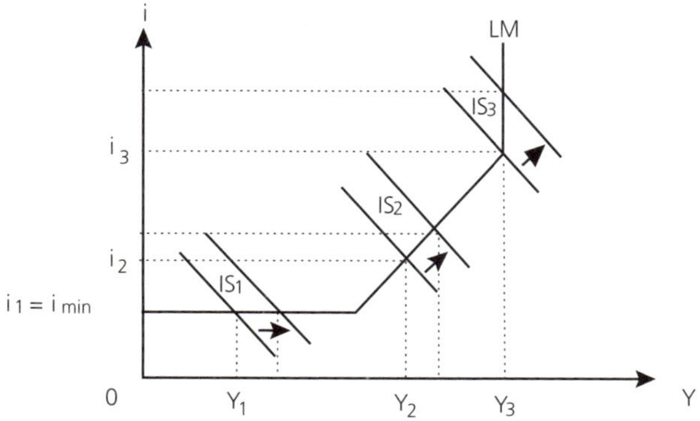

Figure 9 : *La politique budgétaire et fiscale*

Trois cas de figure peuvent être distingués.

1. L'équilibre initial se situe dans la zone de la trappe à liquidité, c'est-à-dire lorsque la courbe IS coupe la courbe LM dans sa partie infiniment élastique au taux d'intérêt. Dans cette situation keynésienne extrême, le revenu (Y_1) augmente fortement car le processus multiplicateur n'est pas freiné par une augmentation quelconque du taux d'intérêt. Ce dernier reste à un niveau faible et n'a pas d'influence négative sur l'investissement. ***L'effet d'éviction est nul.***

2. La courbe IS coupe la courbe LM dans la zone intermédiaire. Les politiques énoncées restent efficaces mais un peu moins que précédemment. En effet le revenu Y_2 augmente plus faiblement que dans la situation keynésienne extrême car l'élévation du taux d'intérêt i vient freiner l'investissement. L'accroissement de la dépense gouvernementale réduit la dépense privée. On a un ***effet d'éviction partiel***.

3. L'intersection de IS et de LM a lieu dans la zone classique. Les politiques keynésiennes expansionnistes n'exercent aucune variation du revenu d'équilibre qui reste à son niveau Y_3. Seul le taux d'intérêt augmente, l'inefficacité de la politique est ici totale. ***L'effet d'éviction est complet.***

b) La politique monétaire

Nous avons vu précédemment qu'une augmentation de l'offre de monnaie déplace la courbe LM vers la droite alors qu'une diminution entraîne une translation vers la gauche.

Comme pour la politique budgétaire et fiscale, trois cas de figure peuvent être distingués pour analyser la politique monétaire.

Nous allons étudier les effets d'une politique monétaire expansive. Une politique monétaire restrictive conduit simplement aux résultats inverses.

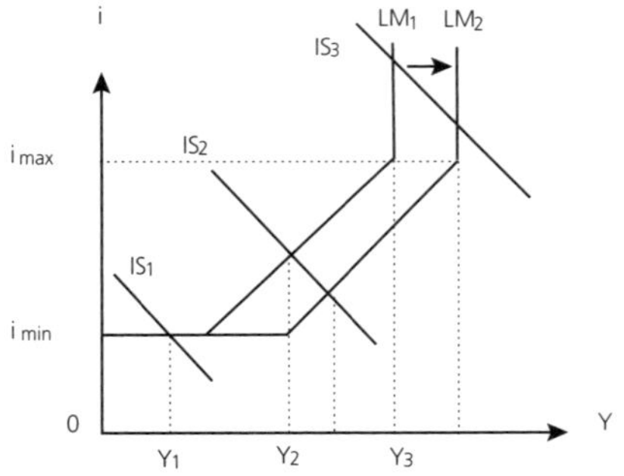

Figure 10 : *La politique monétaire*

1. Dans la zone de la trappe à liquidité, toute augmentation de l'offre de monnaie ne provoque aucune variation du taux d'intérêt. Une politique monétaire expansionniste est totalement inefficace, Y_1 ne varie pas.

2. Dans la zone intermédiaire la politique monétaire devient efficace. Une augmentation de l'offre de monnaie entraîne une diminution du taux d'intérêt, une augmentation de l'investissement et donc une augmentation du revenu d'équilibre Y_2. Notons que si l'investissement est peu élastique au taux d'intérêt, la courbe IS est proche de la verticale, l'effet de la politique monétaire sur le revenu sera de moins grande amplitude que si l'investissement est très sensible au taux d'intérêt, c'est-à-dire si la courbe IS est proche de l'horizontale.

3. Dans la zone classique l'augmentation de l'offre de monnaie entraîne une diminution plus importante du taux d'intérêt que dans la zone intermédiaire. L'impact sur le revenu (Y_3) via l'effet multiplicateur sera alors plus important. La politique monétaire expansive semble ici très efficace.

Dans les faits, il est très difficile de dissocier la politique budgétaire et la politique monétaire, ces deux politiques étant souvent utilisées en même temps. On a alors une combinaison de ces deux politiques : la ***policy mix.***

c) La *policy mix*

Nous pouvons faire apparaître les principales conclusions de la politique mixte en nous plaçant dans une volonté d'augmenter le revenu d'équilibre. Pour ce faire, nous allons sur une même figure juxtaposer les résultats issus de l'analyse de la politique budgétaire et de la politique monétaire.

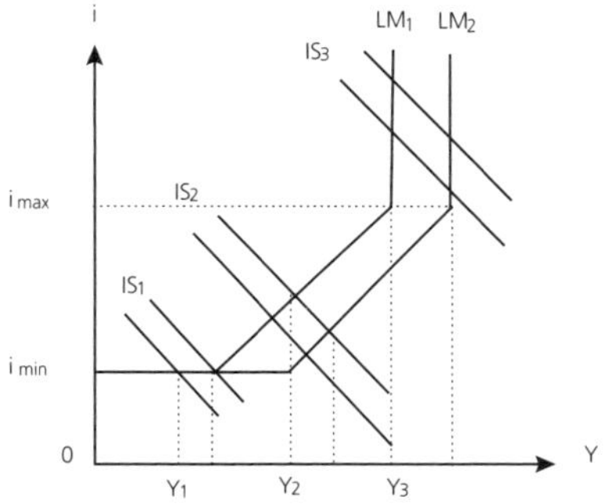

Figure 11 : *La policy mix*

1. Dans la zone de la trappe à liquidité, la politique budgétaire est très efficace alors que la politique monétaire est inefficace. Une politique mixte est dangereuse dans cette situation car l'augmentation de l'offre de monnaie peut conduire à de l'inflation qui pourrait venir annuler les effets bénéfiques de la politique budgétaire.

2. Dans la zone intermédiaire, la politique budgétaire expansionniste entraîne une augmentation du revenu et du taux d'intérêt. La politique monétaire vient alors accentuer l'effet d'augmentation du revenu car elle favorise la baisse du taux d'intérêt.

3. Dans la zone classique, seule la politique monétaire est efficace, la politique budgétaire ne contribue qu'à une élévation du taux d'intérêt d'équilibre.

En fait, la mise en place d'une politique mixte est délicate, et son impact est largement lié à l'élasticité de l'investissement et de la demande de monnaie au taux d'intérêt.

Conclusion

L'analyse macro-économique cherche à expliquer le fonctionnement d'une économie de marché en appréhendant les problèmes à un niveau global. Elle est apparue en tant que discours distinct au sein de la théorie économique avec la parution en 1936 de l'œuvre majeure de John Maynard Keynes intitulée *Théorie générale de l'emploi, de l'intérêt et de la monnaie*.

Là où les classiques proposent une analyse macro-économique par agrégation des décisions individuelles, donc qui repose sur des fondements microéconomiques, Keynes se situe d'emblée dans une perspective macro-économique. À cette différence de fondements d'analyse va s'ajouter le conflit historique entre la loi des débouchés des classiques et le principe de la demande effective des keynésiens.

D'un côté, la tradition classique montre comment la flexibilité des prix vient ajuster l'offre et la demande sur les différents marchés, que ce prix s'appelle ***salaire réel*** pour le marché du travail ou ***taux d'intérêt réel*** pour le marché des fonds prêtables. Dans cet univers, la monnaie a pour fonction principale d'assurer les transactions. Ces économistes ratifient la théorie quantitative de la monnaie. Toute variation de cette dernière se répercute intégralement sur le niveau général des prix et est sans incidence sur les autres variables de l'économie. Il existe une dichotomie entre la sphère réelle et la sphère monétaire. La monnaie est neutre et les politiques macro-économiques n'ont ici guère de place. De plus, leur mise en œuvre peut impulser des effets pervers sur les variables explicatives de l'offre de biens et services.

D'un autre côté, Keynes et les keynésiens vont remettre en cause cet ajustement spontané sur l'ensemble des marchés par la flexibilité généralisée des prix. Ils montrent en particulier la possibilité d'existence d'un sous-emploi durable qu'une baisse du salaire ne parviendrait pas à résoudre.

Par l'existence d'une fonction de consommation globale reliée au revenu global, Keynes et sa « loi psychologique fondamentale » suppose l'existence d'une propension marginale à consommer inférieure à l'unité. Ceci va, avec le principe de la demande effective, former la pierre angulaire d'un processus multiplicateur du revenu d'équilibre. De plus, la théorie quantitative de la monnaie et la neutralité de cette dernière vont être remises en cause. La monnaie va devenir un instrument au service des autorités monétaires.

Avec le multiplicateur de la dépense et le rôle actif que la monnaie peut exercer sur les variables réelles, le dispositif keynésien va recevoir toutes ses lettres de noblesse. Puisque l'économie de marché ne tend pas spontanément vers des équilibres satisfaisants, l'État se doit de pallier ces insuffisances en intervenant par des politiques de stabilisation qui peuvent être d'ordre budgétaire, fiscale ou monétaire. La politique économique n'entend pas se substituer aux décisions privées, mais tend à les orienter en leur offrant un système d'information, d'incitation voire d'interdiction, de telle sorte que les résultats macro-économiques apparaissent plus favorables.

BIBLIOGRAHIE

Pour aller plus loin

BLANCHARD (O.) & COHEN (D.) (2010), Macroéconomie, 5e édition, Pearson, Paris.

BURDA (M.) & WIPLOSZ (C.) (2009), Macroéconomie : Une perspective européenne, 5e édition, De Boeck Université, Bruxelles.

KEYNES (J.-M.) (1982), Théorie générale de l'emploi, de l'intérêt et de la monnaie, Petite bibliothèque Payot, Paris.

KRUGMAN (P.) & WELIS (R.) (2009), Macroéconomie, De Boeck Université, Bruxelles.

MANKIW (G.) (2009), Macroéconomie, 4e édition, De Boeck Université, Bruxelles.

MANKIW (G.) (2010), Principes de l'Économie, De Boeck Université, Bruxelles.

SLOMAN (J.) (2009), Principes d'économie, 6e édition, Pearson, Paris.

SMITH (A.) (1990), Recherches sur la nature et les causes de la richesse des nations, Gallimard, Paris.

Pour approfondir ses connaissances, consulter les sites Internet à partir d'un mot clef relatif aux thèmes macroéconomiques abordés dans ce livre.

Achevé d'imprimer par
l'Imprimerie France Quercy, 46090 Mercuès
N° d'impression : 40079 - Dépôt légal : janvier 2014

Imprimé en France